偏差値30からの
慶應大学突破法

―令和版　慶應大学絶対合格法―

牛山恭範

目次

第1章　なぜ大逆転合格が可能なのか？

目次

第2章　慶應大学の受験環境はこう変わった

第3章　合格事例とデータから見える慶應合格の鍵

目次

第5章　一般入試と同時進行する総合型選抜（旧AO）入試・FIT入試の進め方

目次

第7章　参考になる合格事例

第 1 章

なぜ
大逆転合格が
可能なのか？

偏差値を約半年で30程度引き上げ、約半年で全国最下位層から、慶應法学部に合格した事例

次の模試結果は、私が教えた子が、慶應法学部合格後に送ってくれたものだ。

ご覧の通り全国で最下位層の点数だった。

それが、次のような結果となり、慶應法学部に合格した。

【2】教科型偏差値　※科目の英国数はあなたの基礎知識の定着度、3教科は国公立2次試験・私大入試、

教科	科目	配点	今回の得点		全受験者内			
			得点	換算得点	偏差値	平均点	標準偏差	順位/受験者数
総合	文系3教科	500	135.6	138.6	27.2	305.7	73.3	23,697 / 23,965

※英国数…英語（筆記L）、国語（現古漢型）、数学1、数学2　文系3教科…英語（筆記L）、国語（現古漢型）、数学（1＋2を100点に圧縮）or 地歴公民1科目　文系5-7…英語（筆記L）、国語（

2018. 11/13 入試前の最後の模試

2019年度	生徒用

早大・慶大オープン　個人成

1 －(1)第1志望大学・学部　科目別成績

	配点	換算得点	得点	偏差値	平均点	順位 / 受験者数
慶大英語　法	200	140	126	59.8	111.3	166 / 1016
慶大日本史法	100	58	58	60.7	45.0	56 / 502
慶大小論文法	100	45	45	50.7	44.3	352 / 964
						/
						/
						/
総　合	400	243	229	61.2	196.3	130 / 1017

3 第1志望～第4志望　学

	第1志望	
大学	慶應義塾大学	
学部・学科	法学部	
(定員)	政治	定
	科　目	配点
	英語	200
評価使用	日本史	100
科目得点	小論文	100

慶應　大学　　法　学部合格

慶應大学に合格するために必要なことって何でしょうか。私は慶應大学を誤解しないこと、無駄なことをしないこと、たったそれだけだと合格した今、感じています。慶應だから、有名予備校に通わないと受からないのでしょうか。1日12時間、闇雲に机にかじりつかなければいけないのでしょうか。地頭がよくないと。進学校出身じゃないと。私はディジシステムで学んだ末、これらの前提は大間違いだと確信しました。前提を間違えると大変な損をします。受かる大学も受かりません。ディジシステムでは、"あるがままの慶應"を知り、実現可能な最短で無駄のないルートを歩むことができます。毎月の動画や日々更新される動画は合格への大きなサポートとなります。また、小論文に関しても恐れることはありません。誤った前提や勝手な思い込みが"小論文"を実状よりも難しいものにしている場合がほとんどです。とにかく、誤解と無駄をなくすことで慶應合格は近くなります。私はディジシステムや牛山先生の著書からそれことを学び、今痛感しています。

約半年で慶應大学法学部に合格したのであれば、さぞかし、頭がよかったのだな……という具合に、多くの人は「成績の引き上げ効果」について疑いを持つ。

もちろん、本人が優秀だったということはあるかもしれない。

しかし、それだけではない。

どんなに優秀でも、「引き上げることができない指導」では、成績は上がらない。**ダントツ化するノウハウがある。**それを本書で公開しよう。

今の時代に合格したければ、合言葉は「スマホから距離をおけ」

スマホで情報強者になれる……と考える人は多い。しかし、現実には、ほとんどの人はスマホで情報弱者となる。その理由は、情報量が多すぎて、処理できないからだ。誰が正しいのかよく分からない。そのため、流行っている言説に乗っかるのが正解だと考えやすい。これが間違いの元。なぜならば、流行るにはわけがあるからだ。ほとんどのケースで、流行る言説は単なるお金が原因。例えば英語圏から学術論文を引っ張って読みまくるなら話は別だ(もちろん英語の論文)。しかし、そんな人は、10万人に一人もいない。そのため、ほぼ全員スマホで情報を集め得意になって、失敗してしまう。このような悲惨な地獄状態がある。

次に紹介する子は、慶應大学に4学部合格した（法・経・総・環）。その上で、慶應大学在学中に公認会計士試験に合格した。彼は、ずっと私に指導を受けていた。彼の場合**インターネットにアクセスするのは、私が運営する塾の授業をオンラインで聞く時だけ**。だからこそ、このようにスカ勝ちできたのである。なぜなら、あなたの成績を引き下げる英語・歴史・小論文の情報から自分を引き離すことができるからである。

この話は、今は話半分で聞いてもらっていい。この先に具体的な理由などを書いている。

第　　号

合格証書

公認会計士試験に合格した

ことを証する

平成28年11月11日

公認会計士・監査審査会会長　廣本敏郎

Keio University

大学入学直後に公認会計士試験の勉強を始めてから2年半、ほぼ最短で公認会計士試験に1発合格を果たすことができました。さらにその勢いで第1志望の　に就職が決まりました。中学時代にリーマン・ショックを目の当たりにして、高収入と安定した雇用が望める公認会計士目指して8年、やっとここまできました。

中学の頃、初めて公認会計士試験について知ったときは「まあ、俺、慶應に行くし、このくらいの試験何とかなるだろー(笑)」なんて思っていましたが、慶應クラスや記憶塾で学ばなければどうにもならなかっただろうというのが正直な思いです。ディジシステムを知る高校3年生までは戦略も何もなく、「このくらいやれば慶應に合格するだろう。」という無根拠な勘で学習していたためです。

就活に際して、自己分析で過去に自分がやってきたこと、これからやりたいことを整理したのですが、そこで浪人時代に慶應クラスで習ったことが非常に有効だったことに改めて気付きました。慶應クラスでは勉強方法や生活の悩みなどミクロな面だけでなく、全般に渡って徹底した生活管理や心の持ち方、一種の人生哲学などマクロな面も教わりました。公認会計士試験勉強ではさらに記憶塾の講座や牛山先生のアドバイスが加わり、まったく迷うことなく勉強を突き進めることができました。

特に記憶塾入塾当初(大学1年次の12月頃)、通学時間が1.5~2時間と長く、また満員電車で困っていたところ、牛山さんから「電車にいる時間を利用しないとどうにもならないね。」と言われたことが決め手になったと思います。

この子は、大学合格後も、私が運営する記憶塾に入り、記憶方法を学んだ。そして、慶應大学経済学部在学中に公認会計士試験に合格。今は会計士となったようだ。大学入学後になぜ私に学んだのかを聞いたところ、彼は「記憶に関しては、会計士の予備校よりも牛山さんの方が上だと思いました。」と答えた。大学での履修登録のアドバイスや、学習計画、記憶方法などを私がサポートしていた。

小論文の成績について偏差値８７．９まで上昇した事例

疑い深い人は多い。次に紹介するのは、小論文の成績について全国１位となり、偏差値**８７．９まで上昇**した事例である。

小論文日本一の事例2 偏差値87.9

入塾後に実力アップ！

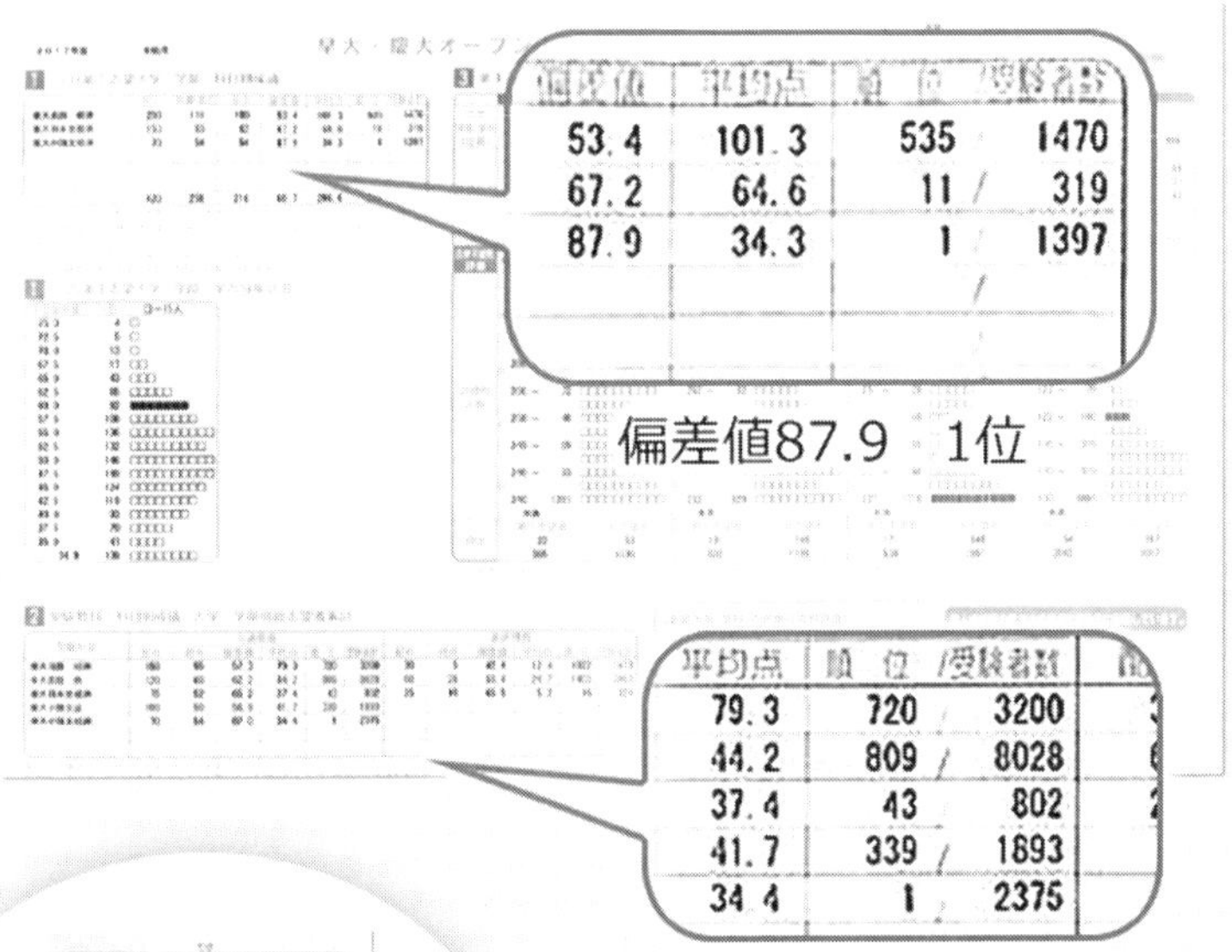

偏差値	平均点	順位	受検者数
53.4	101.3	535	1470
67.2	64.6	11 /	319
87.9	34.3	1 /	1397

平均点	順位	/受検者数	
79.3	720	3200	
44.2	809	8028	
37.4	43	802	
41.7	339 /	1893	
34.4	1	2375	

大学・学部別総志望者
集計　1位

同生徒の慶應大学合格証書

このような事例についても、たまたまなのだろう？　と疑う人もいる。

冷静に考えてほしい。問題は仮にたまたまそういう事例があったとしても、数値として偏差値87．9は異常だということだ。

つまり、「成績の引き上げ幅」や「到達点の高さ」は、指導品質を推し量る上で判断材料となり得る。

慶應大学の合格は簡単だ。問題はその簡単さを信じられないことである

落ちる人の共通点と受かる人の共通点を並べると以下のようになる。

【落ちる人の共通点】

▼なんでも疑ってかかる。
▼慶應大学を難しいと思い込んでいる。
▼難しさの困難性を説明できない。
▼教える人物を低く評価する。
▼自分は点数を取れなくても判断は高いと考える。

【受かる人の共通点】

▼素直に受け止める。

▼慶應大学は簡単ではないと考えている。

▼困難性について、指導を受ければ説明できる。

▼教える人のレベル感に敏感であり大学生の学士レベルと修士や博士の違いもある程度は認識できている。

▼自分は点数が取れないのだから、できる人にしっかり教えてもらおうと考える。

どちらが賢明なのだろうか。

自分は点数を取ることができず、受かっていない段階で、たくさん合格させて点数を取ることができる人を疑う人と、きちんと素直に受け止める人では、どちらが正しいことが多いのだろうか。

その通り！

つまり、何事にも先達は重要である。

餅は餅屋などという言葉がある。

詳しい人に聞いて、その通りにする方がよい。
ところが、そういうことができないんだなぁ……
なぜか。それは今の時代が情報化社会だから、多くの人がだまされてしまうからだ。

大手出版社との商談で、「小論文の点数を引き上げることなんかに興味はなく売れればいい。」と言われた

私が東京の一等地に大きな自社ビルを建てている大手出版社に行った時のことだ。その商談で、ある編集者と話をした。「牛山さんはどんな小論文の本を書くことができるのですか」と質問されて、私は、「本当に点数を引き上げる小論文の本を書くことができます。」と答えると、**「私たちは売れればいいのであって、そんなことに興味はない」とはっきり言われた。**それで、薄いペラペラの小論文の本が売られているというわけだ。つまりカラクリはこうだ。受験生は、時間がないとあせっている。そんな時に分厚い本など読まない。だから薄いペラペラの本で、薄いノウハウで、「簡単お手軽らーくらくというイメージ」で本作りをする。（あっいいのがある）と、受験生は買って帰る。まいどありと思われているということ。書店ですらこのレベル。

ネットなどもっと怖い。

スマホの見過ぎで、判断を間違う人が続出する怖い時代となった

スマホは便利だな。その点は疑いようもない。スマホを開けば情報の宝庫だ。でもね。

情報の発信が簡単になったということは、しょうもない情報も星の数ほど増えたということでもある。

その結果どうなったかと言えば、**詐欺とまではいかないまでも、非常に悪質であったり、程度の低い情報が氾濫**するようになってしまったんだな。

その結果、本だけで学ぶ方が、**情報量が100分の1**となり、間違いにくく、**質が高い情報にアクセスできる**ようになってしまった。

かわいそうなランキングを盲信する人たち

例えばAmazonランキング1位なんてのがあるね。

こういうランキングは、アマゾンという大手の情報だから信用できるなんて考えている人がいる。実はあのランキングは、24時間ランキングにすぎない。さらに、アマゾンランキングというのは、分野ごとにあるんだ。分野ごとのランキングなら誰でも取れるの。私も取ったことがある。そういうことを教えてもらうことなく、例えばウェブサイトに「私はAmazonで1位なので上級講師です」というような宣伝があったらどうだろうか。知らないのをいいことに……って感じもあるよね。

こんな風に意図的になのかな？　どうだろう？　消費者を錯覚させた上で、事実を誤認させる情報は多い。たくさんの人が、アマゾン1位という品質が高い指導なんだと勘違いしたとしようか。費用を支払う……すると潤う。また広告を打つ。また勘違いする人が出てくる。合格者は出るよ。なぜなら頑張り屋さんも入塾するんだから。でもそうするとどうなる？　どんどん不幸が再生産されていくと思いませんか？　そうなんだ。これが現代的な情報化社会の怖いところなんだよ。あなたが知らないのをいいことに、ランキングに特別な意味があるように宣伝されることがある。

かわいそうなアマゾンレビューやネットの評判を検索する人たち

今は情報化社会だから、ネットで裏をとっていけば安心なんて思っていませんか？ **そんな風に考える人がいるから、悪い人？ は、情報を操作する書き込みをするよ。** 例えばAmazonレビューに悪い評価を書きまくるとかね。私が書いた本もそうやって競合企業などにさんざんたたかれてきた。ラーメン店なども同じで、ネットに嘘の情報をたくさん書き込まれる。

でもね。ウブな人はこんな風に考えるんだ。（世の中そんなに悪い人はいない……）なんてね。もしあなたがそう考えるなら、逆ステルスマーケティングとか、ネガティブキャンペーン・書き込みAmazon・情報操作などの検索ワードで業務妨害をする事例がどれだけあるかをきちんと調べておいた方がいい。

韓国では、大手サムスン電子が業者にお金を支払い、組織的に自社の競合企業の悪評を広めていたことから、裁判所から支払い命令を受けている。

日本の通販企業なども、同様のケースがあるよね。悪評を広める嘘の情報拡散についてきちんと情報を集めた方がいい。（世の中に悪い人はいない）なんてことを考えるのはきっといい人なんだ。きちんと防衛する方がいいよ。

また、本当に本人が書き込んでいる場合でも、そのほとんどが素人と自称玄人。プロが判断しているわけではない。学部卒の人が論文についてあれこれ述べていたりする。要は単なる感想にすぎない。その素人感想にあなたの人生をあずけないことが大切だ。

合格者数も信用できない

合格者数というのは結局広告宣伝で決まるところが大きい。全国４０００万世帯にチラシを配布して東大合格者数３００名（ドーン！）というのがパターンなんだ。当たり前だろって話なんだけどね。

塾に通えば成果が出るというほど、話は単純ではないよ。

どの塾もあの手この手で、うちの塾には効果がありますって宣伝するでしょ？　その時に何人合格していますって発表するところもある。でもね。合格者数というのは、原則として広告宣伝をどれだけやったかに依存する。

だから合格者数から塾の品質は推し量れない。

低原価サービスで低価格の塾が広告を打ち、潤えば、合格者が増えるというケースもある。

低原価だから利益が出て合格者が増えているだけという仕組みに多くの人は気付かない。低原価のものを販売することを多くのモラルがある人は躊躇することも知らない。

合格率はもっとあてにならない

合格率のごまかしがあるらしい。

合格率のごまかしはだいたい数字のごまかしだ。3つの学部に受かったら、「3人合格したことにしよう」とか、早慶に9割というよりも、「関関同立マーチに合格したら、合格者にカウントしよう」とかね。それで早慶と大きく書いて、小さく関関同立マーチって書いてるの。早慶に9割って勘違いするでしょ。

ただ、実績については、塾が宣伝するのは仕方がないよ。営業努力だからね。意図的に勘違いさせているなら問題ではある。

「情報が多すぎて……」というお悩み。情報化社会ではトリックの裏側をしっかりと見抜いていくことが大切

なぜポジティブなこともネガティブなことも紹介したかというとね。現代社会では、スマホを開くとなんでも情報が手に入るからきちんと見抜けないと**あなたが受からないから**なんだ。

私の経験では、不合格の理由というのは、原則ほぼ100％単なる勘違いなの。例えば、ここまでに紹介したようなダマシの情報にひっかけられてあなたがサービスを受けると、受かるかな？　運が良ければ受かるかもね。でも運が悪いなら、不合格となる。

今の時代には、効果がありそうな雰囲気をかもしだした情報が多いんだよ。それにあなたがどんなサイトやアプリを見ていたとしても、ネットというのは本来商業メディアだから、広告宣伝があるでしょ。書籍も広告で単に売れてるだけなんてパターンもあるのよ。

それでもあなたは、**品質がいいからベストセラーになったなんて**信じていませんか？　世の中で売れている音楽や本は品質がいいから売れているなんて思っていない？　まぁそういうのもある。しかし一方でそうではないのもあるんだ。

フォロワー数や再生数も関係なし

YouTubeなどの動画に力を入れている塾もある。こういう動画の再生数が多いと、教育の質がいいわけではない。動画の再生数は、やはり広告費やサムネイル画像、その他視聴時間を増やす工夫と連動している。**ＴＶでニュースキャスターが美人なのも、その方が男性諸君の視聴時間が長い**からだ。視聴時間が長いと、Google は、Google 社が儲かる動画だと判断する。つまり、Google 社は、視聴時間をユーザーが他のサイトから自社サイトに引っ張る指標としているということ。視聴時間が短いなら、YouTube 以外に流れてしまうかもしれないが、再生時間が長いなら、ティックトックなどからユーザーを引っ張れると考えているということだ。つまり、動画の品質が高い場合に上位表示されているわけではない。指標は再生時間だけではないが、主だった指標はクリック率や動画の再生時間ということになる。このような仕組みがアルゴリズムとしてあるから、美人を活用して話をさせ、視聴時間を稼ごうとするのかな。そういうことにちゃんと気付く必要がある。

無料お試しを申し込んだら最後

品質が悪いものを信用させて販売するためのよくある策が電話無料お試しである。しかし、多くの消費者は、お試しをすると品質が分かるなどと勘違いしている。品質はお試ししようとしまいと分からない。なぜならば、分かるだけの力がまだないからだ。従って、教えてもらった内容は何でも正しいと思い込む。その上で、やさしい、試せる、感じがいいなどおよそ合格とは何の関係もないことを検討する。無料床下チェックサービス、無料屋根サービスなど、業界が違っても事情は同じ。粗悪な原価数万円（低原価率）のものを数百万円で売るための方法が無料○○（無料で会うものが多い）なのである。人は、繰り返し接触した人間を信用する。もちろん、無料で会う業者はそのような心理学的効果を百も承知の上。だからこそ、日参などといって、用もないのに顔を出して、世間話をするという営業手法がある。無料電話お試しで仮に不合格となる構文を教えられても分からない。親切に教えてもらったなどと思うのがオチである。返報性の法則といって、タダほど高いモノはない。まさか無料で得たのに、買わないなんて言わないですよね……という心理的圧力は0でも、**人は心理的重荷（良心の呵責）を必ず背負う**ことになる。いいにおいにつられてデパ地下で焼肉を試食したら最後、笑ってこちらを見ているおばさんを無視して、『買わない』などと人は言えなくなる。みっともないしね。だから無料お試しを申し込んだら最後。あなたは買うことになるよ。心理的重荷と勘違いでね。

お客様扱いを望む子はほぼ落ちるのはなぜなのか

今の時代予備校は、お客様サービス化しているんだ。どういうことかと言えばね、君たちが生徒じゃなくて、客ってこと。それはそれでいいじゃないかぁ！　なんて喜んでいる場合じゃないよ。なぜならば、生徒ではなく、客だとみなしているということは、教育理念よりも儲けと思われている可能性があるからだ。そもそも大学受験の予備校というのは、良質なサービスを長期的に行い、成果を出し続けることで利益が出るわけではない。言ってみれば、1年だけのお付き合いというジャンルなんだ。床下換気扇の業者が、10万円もしないような原価の商品を300万円で売ったりすることがある。それと同じようなことが起こり得るということ。あのね、100円のおまんじゅうを100年以上販売して、リピーターができているから愛され続けているお店と塾業界は違うことに気付く必要がある。

それにも関わらず、客扱いされるのはいいことだなんて考えていたら、**満足しているうちに不合格通知を受けることになる。**それでも君はお客様扱いしてほしいのか。それとも、親が子の幸せを願うように、君のことを親身に考えて、君の合格を願うまじめな教育理念を持った指導を受けたいか。どちらだろうか。

まぁ気持ちは分からないでもないよ。どちらかと言えば、人は褒めてほしいし、優しくしてほしいからね。お客様扱いを望む人が落ちる理由は簡単に言えばね。詐欺的なサービスに簡単にだまされるからなんだ。詐欺にだまされるのは欲深い人なんだよ。どういうことかと言えばね、例えば、あなたが、一生懸命ダイエットをしていたとする。そこのダイエット塾のコーチがちょっとばかり厳しかったとしようか。すると君はへそを曲げてしまい、（そんな言い方しなくてもいいじゃない）などと思い始める。

厳しいコーチは、「食べるな走れ！」と言う。それでね。君が不満に思っているところに、こんな甘いことを言ってくる人がいる。「がまんしなくていいよ。頑張らなくていいよ。毎日好きなだけ食べて痩せます。3分の運動でOKです。毎日チョコレートを徹底的に食べて痩せたくありませんか」って。おかしいと思いませんか。この時点で。毎日イチゴミルクチョコレートを徹底的に食べて、1日に3分頑張れば、あなたが理想とする体系になりますよって。昔からこういう誘い文句は相場が決まっているよ。それでね。毎日のように、電話でコーチが優しくしてくれるの。「イチゴミルクチョコレートを徹底的に食べていますか？」って。あなたのことをこれでもかっていうくらいに、お客様扱いしてくれるんだ。

ちなみに世界にダイエットは、1万種類くらいあるらしい。生まれては消え、生まれては消えってなってるの。そして、肥満人口は爆発的に増加したんだね。つまり何が起こっているのかと言えば、一時はやせてもまたリバウンドしている。そして、意味のないことをしている。本質的な対策とならない……なんてことが起こっている。

もう気付いたかな。結局のところ、自分に甘い人が、悪魔のささやきにも弱いんだ。僕たちが住んでいる世界には、こういう風に**現実の基準よりも、物事をずっと甘く認識すればいいっていう誘惑が常にある。**

お客様扱いを望む人は、ショッピング感覚で塾を選ぶから、最終的にだまされて粗悪品をつかむ仕組みがあると言えるかな。今不満に感じているあなた。自分の認識よりも厳しいという現実を突きつけられた時に不満を感じる人がいる。その甘い期待はつけこまれるから気を付けて。ショッピング感覚でいるとなぜ不幸となるのか。ここまで読んだ人は分かると思う。つまり、**「自分の甘い認識（少なくやって受かるなど）に期待する→外形上頑張ることを装いながら、（一冊でいい、チョットでいい、管理してあげる）などと必ず言ってくる→自分の甘い認識（真実ではない）を肯定してくれたと思い込み喜ぶ→申し込む→だまされる？　いいえだましてなどいない、ただ成果が出なかっただけ**となっている。手軽（あるいは頑張るけどわずかな時間）が良かったんでしょって話なんだ。だからショッピング感覚でいると必ずだまされる。あなたのことを真剣に考えて、厳しいことを言う人を排除するようになるからだ。ではどうすればいいのか。低原価に手を出さず、**成果を出す分野（小論文と学習コンサル）について高原価**（それが安くなっているならＯＫ）を選択することだ。

『安売り塾の原価率が低い事情』をきちんと見抜く

ここに、１００万円の金と、10万円の鉄塊があったとしよう。あなたは、金と鉄塊でどちらの価値が高いと思うだろうか。「安いので、10万円の鉄塊のほうがいいと思います。」という意見もあってもいいかもしれない。どちらかあげようと言われたらどちらを取る？　そりゃ金のほうでしょう。普通はそうする。

しかし、これが塾の安売りサービスとなったらどうか。

あなたは、その塾のサービスが、金かダイヤか鉄の塊かゴミか分からない。そこであなたは、見かけ上の安いものを買うとする。

自分の人生がかかっている大一番という慶應受験について、鉄の塊のように意味のないサービスを安いと判断できるだろうか。もしそれで運よく合格すれば、費用をかけなかった分ラッキーということになる。

しかし、現実は比較的に厳しいので、英検1級くらいの実力がある人でなければ、間違った対策で成果を出すことは難しい。あるいは才能があるかだ。

だから低原価サービスを買った多くの人が不合格になる。塾の場合は、昔からよくいう「安物買いの銭失い」にならないことが大切だが、問題はもっと深刻だ。「安物買いの人生から慶應のキャリアがあなたの人生からなくなる」（要はケチって慶應に進学できなくなる）になるリスクがあるということを覚えておこう。なぜならね、原価を引き下げた水増しサービスのようなサービスも存在するからだ。あなたが喫茶店を経営していたとする。コーヒーを出す時に、3倍に水で薄めると、原価は3分の1になる。あなたはそんなことをしないだろう。しかし、塾の業界にこれはある。最近はやっているのは大学生の安いアルバイト費用で人件費を減らしてサポートを厚くするというやり方だ。素人集団なので安い。つまり、**毎月1000円から2000円の品質のものを購入して1〜3万円支払うシステム。その後冬期講習などが低原価で高額というのがパターン。**しかし、そのことに受験生は気付かない。だからそういう塾は高い品質をアピールして、アルバイトに教えさせる。その上で、場合によっては、安いのでいいと宣伝すれば、それを信じる人が出てくる。ショッピング感覚で受験を考えると失敗する理由の一つはあなたを生徒ではなく、客扱いする業者の低原価サービスを最後はつかむようになるからだ。

ショッピング感覚で、「自分の人生を自分で切り開く気概」と、「自立心がない状態」だと、このようにふらふら生きて、成果を出すことが難しくなる。教育はショッピングではない。教育というのは、あなたが自律的に成長する人生の節目なんだ。そこが分からず不合格となる子が多くなった。

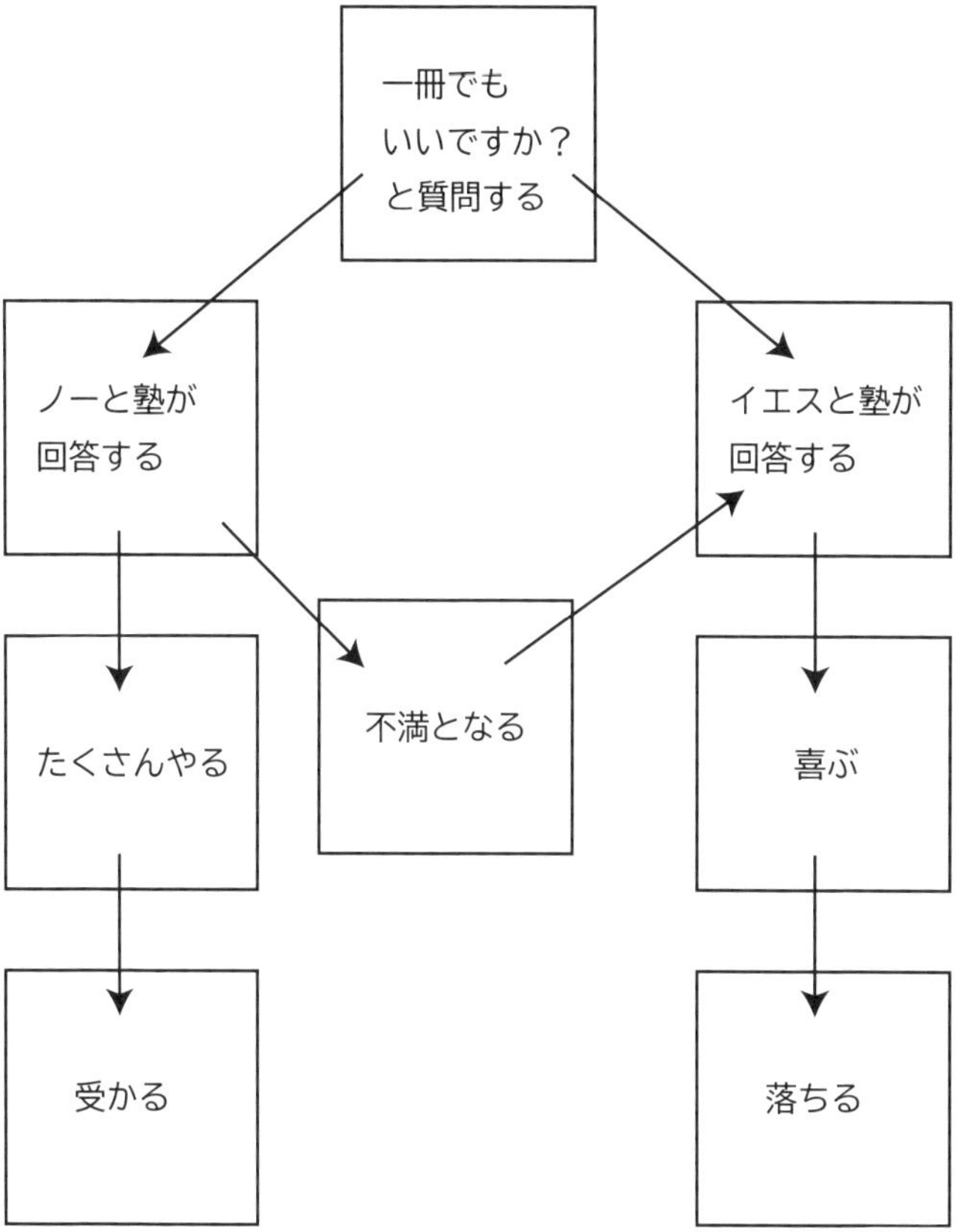
一冊でも
いいですか？
と質問する
ノーと塾が
回答する
イエスと塾が
回答する
不満となる
たくさんやる
喜ぶ
受かる
落ちる

人は同じものを3回見ると流行っていると勘違いし、広告モデルで情報を見ると真似しはじめる

なぜ受験生はそろいもそろって我流の「おかしな書き方」をし始めるのか。その理由は、スマホ検索にある。人は同じものを3度見ると流行っていると感じる。**集団同調性バイアスという言葉がある。**他の人がやっていることが、正しいわけでもないのにそう感じてしまう先入観のことだ。広告宣伝している内容を何度か目にすると、3度以上同じような情報を目にする。商売というのは、低原価率の商品を販売する会社の方がうまくいきやすい原理もある。6万円の原価の工事を500万円や1000万円で販売する業者がある。すると、約500万円、1000万円の利益なので、**こういう会社は広告や店舗展開に忙しくなる。すると被害者が増える。**全国に300店舗展開するような会社となる。今の時代塾でもこのようなサービスが増えている。つまり、低原価率の商品を売るということだ。塾業界で低原価というのは、大学生アルバイトだ。消費者は、論文指導のよしあしなど分からない。また、学習コンサルのよしあしも分からない(スポーツなどと同じでどんな分野でも、初心者は上級者の違いが分からない)。自分が今まで成績がよかったら自分の判断力は高いと思っている学生が多い。そこで、この「3

度以上目にしたものは流行っている&集団同調性バイアス」のダブル先入観で間違った対策をしてしまう。こうやって低品質な塾のサポートを受ける子が現代社会では急増している。高い金額を請求する業者（つまり、それだけ良質な高原価商品を扱う塾）を批判する騙しにまんまと騙されてしまっていることに気付く人が少ない。現代的には、学識を軽んじる人が増えたせいで、学識に関するレベル感を全く感じ取ることができない人が増えた。そのせいで、判断ミスする人が多い。

全部読まないよ。読まなくても分かるもん。3行読めば分かる（旧帝大実力派教授の言）

小論文試験について、適当にウェブで調べて対策すればイケるだろうと考えている人は多い。その根拠は、自分の頭に自信があるから……ということらしい。現実には、できる人には、スケスケに点数は見えているんだ。今の点数を言おうか？　と言うと嫌がり、「あれは、あの時は……うまく書けなかったんで」などという人がいる。**現実には、うまくできている時の点数も分かる。ポテンシャルもある程度分かる。**つまり、上級者は全部分かる。分かると思っていないのは、初学者だけだったりする。これが私が述べる「レベル感」でもある。絶対的なレベルがあるんだ。全部読まないよというのは、ある旧帝大の教授の言葉。「だって読まなくても分かるもん。がっはっはっは」と笑っていたぞ。博士課程で通用する人は、難関大学出身者でも、10人に一人いるかな？という印象。**大学院博士課程のライセンスがレベル1000だと修士卒で200、学士の入学時は、50くらいのイメージ。**もちろん人にもよるけどね。慶應大学に落ちる人は、慶應合格のレベルを非常に高く評価しがち。現実には慶應合格者でも、レベル50くらい（ポテンシャルの話ではない）。不合格者はその半分くらいのレベル感のイメージだ。こういうレベル感がない人が、対策を間違う。覚えておこう。

大逆転ができる理由は問題解決力にある

世の中にはよく、よい勉強法なんてないという言説がある。あれは嘘だよ。どういうことかというとね。だいたい東大卒が言ったりするんだけど、勉強法によしあしがないなら、東大卒は自動的に頭がいいってことになるでしょ。僕はがり勉して、勉強法がよかったから東大生なんだ……なんて奴はいないの。隠すのよ。自分はがり勉しましたってことをひた隠しにして、「いやーぜんぜん勉強してないわ」とかなんとか言いながら、定期テストを受けたりしているわけ。そんなの真に受けてるの？　そんなわけないでしょ。でもね。確かに例外もある。記憶力が非常にいい子というのは一定の割合でいる。そういう子が、成績がよかったりすると、よくわからなくなるよね。整理しよう。

法則性　記憶力×勉強法＝成績

こんな仕組みは確かにあるの。あとはどれだけガリガリやるかだよ。勉強って。成績がいい人が頭がいいってことになってるでしょ。あれがそもそものだましだよ。「知性とは何か」という動画を検索してごらん。慶應大学の総合政策学部長だった國領先生がこの点について対談しているから。学校の成績がいいから、頭がいいかどうか、よく分からないよね。テストで正解だったら頭がいいの？　正解がない問題についてはどうなの？　偏差値や点数や学歴ばかり見る人は、思い込みが激しいのでこういう質問をされると途端に分からなくなる。試験の成果ってのは、だいたい勉強法で決まるんだ。それをばらしてくれた東大医学部卒の人で和田秀樹氏がいる。でも多くのケースで隠されるんだよ。勉強法がよかったから東大に受かったのさと言えば、アホみたいでしょ。なぁんだ頭がいいわけじゃないんですね……となるのが怖いから、「勉強法なんてない」と彼らは言うんだ。

問題は、勉強法の品質を見極めることができないこと

誰が提唱している勉強法がいいのか、一般的に多くの人は見抜けない。なぜならば、先入観が強いからだ。例えば東大医学部に合格した勉強法と、慶應に合格した勉強法はどちらの品質が高いの？　そりゃ東大でしょって思う人が多い。では、5歳から公文に通い、**小学校3年生で微分積分ができて、東大**合格になっていたとして、それでも、その勉強法がすごいのかな。

このように、諸条件を整理することなく、物事を比較して、いいとか悪いとか言えないでしょ。これも現代社会のだましの一つだよ。学歴が高いと頭がいいとは限らない。同じスタートラインでもないし、同じ条件でもないからね。もちろん、学歴に意味がないとは言わないよ。確かに一つの到達点ではある。また、判断の目安の一つにはなるからね。

私の経験から言えば、慶應に受からない人は、だいたい思い込みが激しいんだ。本書の冒頭でいろいろと失敗パターンを紹介したでしょ。そういう失敗をしまくる人が受からない人なの。問題はね。あなたの勉強法が良ければ、あなたは余裕で慶應に受かるということ。しかし、どの勉強法がいいのか分からないんだよね。その背景にあるものを本書で暴露しよう。

勉強法の良さを雰囲気で決めるな

慶應に関して言えば、英語と歴史と小論文ができれば、理系以外の学部に受かる。

多くの人は、これらの科目の勉強方法をなんとなく選択している。

どのようなアプローチが有効なのかについては、感覚的に雰囲気で判断することが多い。そのために重要なのに、判断を誤ってしまう。

判断を大きく誤っている人に理由を聞いてみると、判断の際に理由なんてないということが多い。単に多くの人が選択しているとか、なんとなく良さそうだったからとか、比較的よく言われていることだから……なんてのが多い。

大事なことを言えば、基本的に世の中の多数派は間違っていることが多い。

その理由の一つは、物事を見抜くのが得意な人は、常に少数だからだ。

ほかにも理由があるが、ここでは述べないでおこう。

大逆転できる勉強法の条件は次のようなものだ。

【大逆転できる勉強法の条件】

▼厳しい条件下でも成果が出せる。（記憶力自慢ではなくても成果が出る。）
▼塾長や指導者が点数をたたき出せる。
▼塾長や指導者が人より多くのことを記憶できる。
▼勉強法の開発者の問題解決能力が高い。
▼勉強法の指導者のモラルレベルが高い。

▼なぜ厳しい条件下でも成果が出せる必要があるのか（記憶力自慢ではなくても成果が出る。）

記憶力がいいので東大に合格しましたという人の勉強方法を**真似たところで、あなたは成果を出すことができない。**

▼なぜ塾長や指導者が点数をたたき出せることが大切なのか

自分は点数を取ることができないのに、「こう勉強しろ」とか、「小論文はこう書け」という指導は本当に多い。あなたは慶應大学に合格した人なら参考にできると考えているかもしれない。

しかし、慶應大学学士入試レベルで合格できるレベルは極めて低い。

高校生からすれば難関試験なのかもしれないが、学部入試で合格できるレベルは、博士を仮にレベル1000とすると、レベル50くらいのイメージだ。

そんなわけで、慶應大学に合格できるレベルというのは、極めて低いレベルということになる。

このように低いレベルの人が、論文試験で安定して点数を取ることができないのに、論文をどのように書くかについて指導してしまっていることがある（彼らのポテンシャルは高いことも多いだろう）。ここで不幸が起きることになる。

▼なぜ塾長や指導者が人より多くのことを記憶できることが大切なのか

早い話が、記憶できないなら、試験で非力だからだ。あのね、現代社会で勉強法という時、その概念の範囲は広い。勉強の順番、努力の方向性、カリキュラム、小技、受験法、睡眠法、マインドセット、工夫など、範囲が広すぎるの。

これらの話がすべて役立たないわけではない。ただね、覚えられないのであれば、（いい話聞いたなぁ）ってだけになるでしょ。意味がない。価値がない、成果が出ない……となりがちなんだ。

塾長や指導者が現実問題として多くのことを覚えることができないのであれば、**勉強法は絵に書いた餅**。つまり、どうなるかと言えばね、頑張って練習しろとか、頑張ることが大事って話になる。でもね。こんなアドバイスで何も変わらないよ。なぜならば、みんな頑張ってるんだから。それぞれね。そうでしょ。

みんな頑張っていて、下手をすると、10人に一人くらいしか受からないのでしょ？

ということは、精神論もいいけど、それだけではダメってことなんだよ。

一方で、単なる高学歴やがり勉が途端に勉強法を語り始めることもある。また、単に記憶力がいいことや、学生なので勉強時間を突っ込めましたという人が、どや顔で勉強法を語ることがある。こういうのはだいたい抽象論に終始していて、具体的なノウハウはない。つまり、**がり勉や頭の良さで受かった話**は参考にならないんだ。ありがたがっているのは思い込みが強い人だけ。あなたは違うでしょう?

▼勉強法の開発者の問題解決能力が高いことがなぜ大切なのか

勉強法は要は勉強に関する問題解決だからだ。問題解決能力が高いとか低いとよく言われるけど、一言で言えば、「洞察力」があるかどうかなの。

この「洞察力」は、単に得意な人と、不得意な人がいるだけだと思った方がいい。

この洞察力がない人、つまり、**問題解決能力がない人が提案する教育カリキュラムや勉強法は成果が出ない**。再現性がないんだ。問題を解決するのが苦手なんだからね。だから頑張れとか、練習しろって話になるのよ。

それでもさ、勉強法をみんな提唱するのよ。俺の勉強法で受かるからそうしろってね。YouTubeでも、ティックトックでもたくさん情報が出てるでしょう。そういう人が言っているのは、単に俺がやった方法をお前もやれってことなの。才能や時間がないと再現できない……となる。

▼なぜ勉強法の指導者のモラルレベルが高いことが大切なのか

モラルレベルが重要な理由はね。嘘をついて利益をあげることを大事にしてしまう指導者もいるからなんだよ。世の中には二種類の人間がいる……ということを否定する歌もあるけど、気にしない。原理の話だ。それを勘違いさせる歌が流行るという問題は深刻だよ。なぜなら本当に二種類に分けることができるんだからね。

利益のためならモラルを犠牲にして手段を選ばず、嘘もつく人。（傾向の話）

一方で、

利益を大事にはするけど、モラルを犠牲にしまくることは嫌で、誠実に生きようとする人。（コチラも傾向）

こういう人がいるの。

どちらが正しいとか優れているとは、本書では言わない。

あなただって、多様性を否定しないかもしれないしね。

でもね。

どちらの指導者に教えてもらう方がいいと思う？

多くのケースで、誠実な人に教えてもらう方がいい。

だまされちゃった人がさ……「短時間睡眠法を僕は信じます」みたいなことを言って、私に質問してくることがある。

でもね。こういう人ってわりと助からない。なぜならば、短時間睡眠を信じちゃってるんだからね。

睡眠によって記憶が固定化するという研究報告がある。

人生では何をやってもいいのかもしれないけどね。人としての道を踏み外したくはないじゃないですか。

塾業界はわりと荒れている。つまり、モラルなき合格理論ははびこってるんだ。

もちろん。塾の経営者みんなを悪者にするわけじゃないし、世の中の人を善人と悪人に分けたりもしない。みんな良い心も悪い心もあるんだから。それに利益を出すことは資本主義社会では大切なことだよ。しかし一方で程度の問題もある。

慶應大学にあなたが確実に合格したいなら、こういう失敗のパターンをあまり軽視しない方がいい。失敗しなけりゃ合格だからなんだ。

合格するのは簡単すぎるほどに簡単な理屈なんだ。単に、信じるべきものを誤ったってだけなんだよ。商業情報と、「非問題解決者、非上級者による情報」が多いからね。

悪いことは言わないから指導者は一人にする方がいい。私の「彼ピが東大生」と言う子が慶應全落ちの理由とは？

私の塾に入ってきた子の彼氏が東大生だったということがある。この子は、慶應進学専門塾で頑張っていたが、彼氏が口出しをしてきた。つまり、「俺の言うとおりにやれば、慶應も受かる。」というわけだ。はたしてどうなったかと言えば、**慶應全落ちである**。それどころか、関関同立マーチすら受からない。なぜこんなことになってしまったのか。その彼氏は、記憶力が良かったのか、がり勉ができたのかは分からないが、同じようなことをやっても、その子の成績は伸びなかったということだ。記憶力が良い場合やがり勉できるなら東大は受かるかもしれない。しかし、慶應大学の場合、小論文があり、がり勉だけでは受からないなんてこともある。なめていると、東大には受かっても慶應に落ちるということはよくあるのだ。

悩みを解決しようとするから不要なことをやるようになる。あなたが欲しいのは慶應合格ではないの？

慶應に受かりたい。小論文が苦手。書くことができない。そこで書くことができそうなサービスを探す……このように考える人はよく落ちる。その理由は目先の問題しか解決しようとしていないからだ。ダイエットの解決策として、ダイエット方法が1万種類あるのと同じように、解決策は無数に存在する。しかし、そのことと、解決策がいいことはそもそも別の話だ。

書くことができない場合、「テンプレート解法」などが勧められることが多い。しかし、その**我流テンプレートで書いても、受からない**。なぜならば、書くことができるだけで、**点数が低いからだ**。でも受かった人がいるみたい……とあなたは思うかもしれない。文才がある人が受かっているだけだ。

そもそも、論文というのはアウトラインでだいたい点数が決まる。アウトラインがダメなら、スラスラ書けても点数は取りにくい。この辺りの事情は、『論証モデルと論理式を用いた高得点小論文解法集』（エール出版社）にも書いたので読んでおいてほしい。

本書の著者牛山は条件に合致している。本書の勉強法で慶應合格を勝ち取れ！

ほとんどの人は、判断で落ちている。なぜならば、能力以上に判断の方が受験では大事だからだ。**能力の差は微差**である。一方で、方法の差は大きい。コーチや指導者のレベルが1000の時、あなたがレベル50や80の相手と競い合っていても、楽勝で合格するということだ。

ところが、一般的に勉強法の質を人は判断できない。

そもそも勉強法のよしあしを判断できるなら既にあなたは受かっている。

慶應大学の受験レベルで苦戦している場合、あなたは小論文を書くことができない。

小論文の指導者も同じだ。もしあなたが、指導者の質を見抜くことができるなら、すでにあなたは慶應大学学部入試レベルなど楽勝のはずだ。

しかし、模試でも上位10％にすら入れないなら、指導者の質を見抜くことができる道理はない。

一般的に素人は玄人のレベルを判断できない。例えば今のあなたに、大学教員の実力を推し量ってくださいと言ってみても無理なのと同じである。

それではどうすればいいのか。合格は判断で決まる。しかし、判断できない。

コロンブスの卵のような発想となるが、**勉強法から目を背け、その勉強法や受験法の指導者に注目するのは一つの方法だ。**本書では、もう一つの大事な方法を後ほど詳しく紹介する。

本書を執筆する牛山は以下の条件に合致する。

【大逆転できる勉強法の条件】

▼厳しい条件下でも成果が出せる。（記憶力自慢ではなくても成果が出る。）

▼塾長や指導者が点数をたたき出せる。

▼塾長や指導者が人より多くのことを記憶できる。

▼勉強法の開発者の問題解決能力が高い。

▼勉強法の指導者のモラルレベルが高い。

一つずつ確認しよう。

【大逆転できる勉強法の条件に牛山が合致している】

▼厳しい条件下でも成果が出せる（記憶力自慢ではなくても成果が出る）

私牛山の処女作は、『自動記憶勉強法』（エール出版社）である。この書籍は、読売新聞全国版に8週間連続で紹介された。さらに、記憶に関する書籍を2冊出版している。加えて私は日本初となる記憶専門の塾『記憶塾』の設立・運営者である。この塾では医師・弁護士志望者や高度専門職を指導している。さらに、東大卒に記憶方法を教えている。自分自身も、ここで紹介した自動記憶を用いて、問題集や単語帳を合計約25冊程度丸暗記して慶應大学に一発合格した（総合・環境）。受験した学部は慶應ＳＦＣのみであり、その理由は勉強期間が半年程度だったから……というだけである。一発で両方の学部に合格した。私は記憶力がいいわけではない。つまり、凡人が天才を超える成果を出す記憶方法について、指導する記憶のプロである。

▼塾長や指導者が点数をたたき出せる

私は受験業界が広いと言っても、その中で自分の点数を公開できる数少ない講師の一人だ。慶應大学はもちろんのこと、大学院では、私は大学院在学中に、**東大卒、東大院卒、東大医学部卒、東大博士課程修了者、京大卒、旧帝大卒の医師、国立大学出身の医師、ソウル大学卒業者などが在籍するクラスで成績優秀者になった。**成績優秀者となるには、アベレージが良くなければならない。

Kenichi Ohmae
Graduate School
of Business

優秀者奨学金決定通知書

2012 年 9 月吉日

経営学研究科 経営管理専攻
学籍番号 UF110010
氏名　　牛山 恭範 様

支給額

あなたは 2011 年度秋期入学者の優秀者奨学金（進級時）の付与が認められましたことをここに通知します。

ビジネス・ブレークスルー大学
学長 大前 研一

つまり、年間50回くらいの論文試験で常に上位をキープし続け、90点くらいを取っていたことになる。大学院博士課程の入試においては、ノーベル賞受賞者を輩出している大学院に二つ合格する。国立長崎大学博士課程の入試で約9割の点数を小論文試験で取得し、合格した。ちなみにこの際の試験は2時間で約6000文字書く試験であり、試験時間内に完答した。無論学部入試のような簡単な問題が出ているわけではない。博士課程レベルの入試問題で約9割取得したことになる。慶應大学進学指導については、慶應大学を受験したことすらない……とか、慶應大学の学部を受けまくったがかろうじて一つだけラッキーのように合格したという人が教えていることが少なくない。一方で当塾では、このように「口だけ」ではない指導がある。お仕事発注サイトで、どこかのおじさんに解答例を書いてもらい、その解答例を模範解答として、書籍に自分が解答例を作成したかのように掲載することもしていないし、オンラインに他人に作ってもらった解答例を掲載しているわけでもない（こういうことをやっている塾もあるようだ）。

ある塾でこのようなことが行われていることについては、正直私は恐ろしくも感じた。なぜならば、そのような他者が作成した解答例を用いて、塾の代表者がYouTubeでながながと慶應大学小論文の解説をしているのを見たことがあるからだ。

このように解答例を作成していない講師？（なぜなのか理由は不明。解答例なんて学部入試なら10分程度で完了するからね。みんなが60分かけて解く問題も、点数を取る講師なら10分程度で完答する。）による慶應義塾大学小論文過去問題解説に**どのような価値があるのかは分からない。**

しかし、受験生はそこまで深く考えることもなく、とにかく慶應大学の小論文の過去問題を解説してもらえるのであれば価値があるなどと勘違いをしてしまっているようだ。

本来慶應大学の過去問題の解説に2時間も時間はかからない。本当に高い点数を取ることができる人なら、「ここがポイントです。」「こう解きます。」とすぐに言えるからである（3分で終了）。ところが自分で解答例を作成することができない人の場合、このように、端的に高い点数を取得するための解説ができない。

「単なる解説」と、「点数を取ることができる解説」は同じようで全く異なる。なぜならば、単なる解説を聞いた人は、点数を落とすこともあるからだ。

本書を読んでいる人は、「慶應クラス」のウェブサイトにアクセスし、慶應大学過去問題解説を読んでほしい。過去約30年くらいの慶應大学の小論文について解答例と本書の著者である牛山の解説を掲載している。

近年、慶應大学の小論文に関して、あるいは、小論文の書き方・考え方について明らかに誤っていると思われる考え方をする受験生が多い。

その理由は、このように、時に有害と思われるような書き方や考え方をひどく信じてしまっていることにある。彼らはどこかで何かを目にして、その内容を信じたんだ。

▼塾長や指導者が人より多くのことを記憶できる

論より証拠。一方で、理論的なことも大事だ。なぜ記憶できるのかについて、記憶のメカニズムから、問題解決方法を説明できることも重要だ。結局のところ、勉強法は結果として間違ったこととまではいかないものの……あまり意味がないことが喧伝されがちなんだ。なぜかと言えば、実験データから導く理論に誤謬があるからだよ。つまり、そのデータからそんなことは言えないってことが非常に多いの。もっと原理的に考えれば、きちんと考えることができるのに……って内容も多い。気になる人は拙著『なぜ人は情報を集めて失敗するのか？目標達成論』（エール出版社）って本も読んでみてほしい。人が物事を3次元的に考えるメリットというのは、そうではない場合に比べて、私たちが住むこの世界を、比較的もれなく説明しやすいからだ。目標達成論という本の中では、その3次元思考が書かれている。

～目標達成論の3次元思考～

「目標達成論」という本の中で、物事の達成には、効率と判断とやる気が大事ということを私は書いた。目標達成は、物理空間における物体の移動に例えて考えると分かりやすいと説いたの。物理的にものを移動させるには、エネルギー、ベクトル、スピードが大切でしょう？　これと受験も同じだよと。

ただ、これはあくまでも例えなので、目標達成と異なるという考え方もできる。私が3次元的に思考することも推奨する理由は、物理的帰結を導くための要素還元的な諸要素が何かを突き止めやすいことにある。

勉強に関して言えば、**物理的に勉強する量、その時のスピード、何をどうやるかという判断**ということになるね。つまり、物理的な物体の移動そのものではなくても、実質的に読み替え可能ということ。

大事なことは、思考に漏れをなくすこと。小論文の勉強にもなるよ。

①やる気だけあって方法（論）・勉強アプローチがダメだと受からない。

②方法がよくても、勉強しないと受からない。

③学習スピードがよくても、勉強しないと受からない。

全部当てはまるでしょう？　でもね、**これらの問題が解決して、物理的帰結を導けないことは論理的に考えてありえない**。だから確実に成果を出すためには、この3要素が重要となる。そこで、この3つの要素を核要素と名付け、これらの3つを改善する時間を「核要素時間」と名付けたんだ。

この3つを改善していない人が多いでしょ。勉強しない、勉強できない、受かる気がしない、戦略がない、方法がまずい、動画を見てもどれがいいのか分からない、スピードが遅い……こういう人が多いね。

▼勉強法の開発者の問題解決能力が高い

私はMBAを取得している。MBAというのは、問題解決に関するライセンスのようなものだ。経営学修士号がMBA。ただ、単なるMBAを取得しているのではなく、マッキンゼーという世界一の経営コンサルティングファームのトップであった大前研一氏から、直接指導を受けて、問題解決を叩き込まれたってところがポイントだと思う。なぜなら……ハーバードで博士号を取得しても、世界一の理系大学と言われるMITで博士号を取得しても、マッキンゼーに入社すらできないのが普通なんだよ。つまり、世界一のOJT（仕事で学ぶってやつ）の総本山が、マッキンゼー社なの。マッキンゼーと言えば、世界トップ企業500社に経営指導をする機関であり、つまり司令塔でしょう？　マッキンゼーにハーバード卒業生が入社したがる理由は、一生くいっぱぐれがないから。東工大にいて、名刺交換した時に、JAXAに勤めているなんてことが多い。同じだよ。マッキンゼーに勤めているってだけで、ちょっと別格な人だなとなる。単なる印象の問題なんだけどね。頭がいいことの代名詞のようなところがあるから、東大卒もマッキンゼーに入社したがるのよ。そのマッキンゼー社に入社するだけではなく、そのマッキンゼーのアメリカ法人代表となり、その後日本法人代表となり、成功させたのが大前研一という人なの。この人がBBT大学院というのを作っているのね。大前先生は、エコノミストという権威ある経済紙で、経済に関するグルとして紹介されている。私はそのBBTで学んだんだけど、そういう人が作った大学なので、事実上の「マッキンゼー大学」みたいな感じだったの。そりゃそうでしょ。そもそもマッキンゼーというのは、入社したら使い物になるコンサルにするために、問題解決学を徹底的に仕込んでいくのよ。だから世界のMBAランキングなんて何の意味があるのかなって私は感じてた。なぜなら、ここまでに紹介したように、オックスフォードを出ようが、ケンブリッジ大を出ようが、**最終的に頂点がマッキンゼーの印象**がみんなある。そのマッキンゼーの伝説的なコンサルである大前先生が仕込んでいくので、講師陣が一流だった。そして教員はマッキンゼーのOBだらけなのよ。普通MBAの教員でも、企業の戦略立案はできない。だからMBAの実務ベースの教育価値ということで言えば、マッキンゼー大学のようになってしまっているBBTが、世界一の価値を持つように私には思えた。

▼勉強法の指導者のモラルレベルが高い

私はモラルが高いのだ……なんていうことが言えるほど、私は厚顔無恥ではない。道徳性というのは、分かりやすく言えば愛のレベルだな。自分のことをしょうもない人間だなと思う。でもね。自分のことを厳しく自省できない人は、同時に、おそらく道徳心は高くないとも思う。自分の本だから、好きなことを書かせてもらってるよ。

私の場合、インテグリティを大切にしている。誠実であろうと努力している。儲からないけどね。バカなんだろうね。

落ちる人は自分を先生として指導者をつけない・信じない・頼らないから落ちている。

落ちる人は、先生をつけない。落ちる人は、先生を信じない。落ちる人は、先生に任せきらない。それでは、落ちる人はどうするのかと言えば、自分の我流で勝負する。その我流は、「点数を取ることができない講師」が解説するやり方であったり、「点数を取ることができない講師が書いた本の方法」であることが多い。しかし、本書で紹介したような知識がないので、結局そのような点数につながらない・結果につながらない方法の寄せ集めで勝負することになる。

これでは成果が出なくても当然だ。

本書に書いてある通りに勉強していくことを私はお勧めする。

小論文の力と学力と志望先の関係

今日は小論文の先生に来てもらいました
今日はみんなで死刑制度について考えてみたいと思います！
できたら名前をふせてみんなの書いた小論文を読むのでそのつもりで…
えーーっ!!
よっしゃあ！
俺様の実力見せてやる！
いつも成績が一番の『学力優秀君』は大喜び
ど…っどうしよう……
わたし自信…無い
いつも成績の良くない『びり子』は落ち込みました

※（分かっているとは思いますが）牛山はこんなに美形ではありません。ブサイクに書くのが難しいそうです。（漫画家談）

ふんっ!!
う～ん
はいっ! それでは発表します!
あっ 名前は言いませんから
賛成だと感じたら手を挙げてみてください
では…
私は死刑制度に賛成だ
なぜなら人を殺したら命で償わなければならないからだ…そうする事で…
キラ
キラ
おっ
俺のだっ
俺様のに手を挙げない奴なんていないだろ!
では～
この意見に賛成の人…手を挙げて下さい…
スッ
シーーン。。。。
えっ
一人っ
ひ…
ひっ…ひとり…
ガビーン

では次の小論文に行きます
…私は死刑制度に反対です…
その理由は………
あっ
私のだ!
ビクッ
……それでは賛成の人手をあげて…
えっ
うそっ
こんなにたくさん!
『学力優秀君』の時は賛成する人が少なかったのに対し『びり子』の時は多くの人が『びり子』の意見に賛成したのだ!
なにっ
どうでしたか?賛成の意見の時も反対の意見の時も内容がよりしっかり書けているモノには沢山手があがりましたね!
世の中では正解のない問いもたくさん存在します
論理のつじつまが合っているだけでは小論文で高い点数の評価にならないのです
ガーン
石

『学力優秀君』は素直に現実を受け入れる事ができなかった!!!

ごおおおおお
絶対におかしい…こんなはずない
この俺様が下等なバカ共に負けるはずがない!
そうだ!わかったぞ!俺様の文章がスゴすぎるからバカ共には理解できなかったんだ!
はっハハハハハハ
そうに違いない…バカ共め!!

かくして、グングン素直に教えを吸収する『びり子』と、少しも教えが身にならない『学力優秀君』の力はどんどん開いていった…

添削された小論文が返却された時の対応は正反対でした。

入らず
参考にしときまーす…なーんてな!
フー
ペいっ
完璧な俺に何言いやがるんだ
吸収
あっ
なるほど!
がっ…頑張ります!

サラッ
つまり…
俺天才！
一般人があっと驚く所に行っちゃうぜ
俺は○○大学を受験するんだから！
しかも○○学部☆
オレ様にふさわしい場所
オレ様にふさわしい学部
non non
オレ様にふさわしい学びのスタイルがあるって事さっ！
偏差値75以下なんてありえないさ！
『それなのに小論文の添削の結果がA～EでDとCなんて!!!
30～50点ぐらい!?…おかしいだろ!この添削内容!!!!』
……なんて思っていると……!!!!!!!!
一年後
慶應不合格
慶應合格
実は添削内容と学校の授業のみんなの反応は
正しかったのです！

仮に管理だけの塾で受かるのなら、もうあなたは受かっている

近年学習を管理する塾が流行っている。この手のサービスに意味はない。なぜか。第一の理由は、管理してもらってもその通りにやらないこと（勉強時間が足りない）。第二の理由は、**管理内容が不適切**なこと。「参考書ルート」に意味はなく、学習方法（メソッド）に価値がある。第三の理由は、彼ら次第で指導内容とレベルが決まること。指導内容とレベルで点数が決まる。言い換えると、講師レベルが低いなら**効果的な練習目的（どこを改善すればいいか）が分からないということだ。**小論文の講師と添削担当者のレベルが問題である。従って、管理してもらってもあなたは慶應に受かりやすくはならない。

東大医学生が答えた「なるはや」が正解。管理は塾の言い分だと気付こう

「勉強は何をいつやればいいですか？　それが分からなくて」という受験生に対して、ある家庭教師をしていた東京大学医学部生が答えた。「なるはやです。」つまり、なるべく早く進めるだ

け進めてくださいということ。いつ何をやるかなんて、合否に関係がない。それより関係が深いのは、合計何冊覚えたのかということだ。この意味でも管理に意味がないということが分かるだろう。つまり、**「いつ・何を」ではなく、「何を・どのように」**の方がはるかに重要である。例外的に受験直前に今からなんとか間に合わせるための自分に合ったカリキュラムというものはある。

このような学習法を知りたい方は、拙著『慶應大学・難関大学今からでも時間がなくても間に合わせる勉強法・受験法』(エール出版社)を読んでほしい。どのような方策があるのかについて、具体的に紹介している。

慶應文系6学部を受けることで合格率が引き上がる仕組みとは？

慶應大学は受験方法で合格率が引き上がる。この点について、説明した記事を旧版拙著『慶應大学絶対合格法』から引用する。

――ここから――

たくさん受験しても無駄なのは、力がない時です。実力を十分につけた場合は、併願すればするほど、不合格になりにくくなります。

これは確率計算をすれば簡単に計測できます。

【興味がない人はここは読み飛ばしましょう】

例）合格55％の人が3つの大学すべてに合格率55％であった場合、すべてに不合格になる確率は0.45×0.45×0.45＝0.091　従って9.1％です。

どれかに合格する確率は、すべてに不合格になる確率を全体から引いた確率です。

合格率55％で3つの大学のどれかに合格する確率は、0.909となり、9割がた合格することになります。

併願による合格率を計算する時には、すべての施策（ここでは受験）が成立（合格）しない確率を計算することになります。受験校すべてに不合格になる確率を全体から引けば、どこかに合格する確率を算出することができます。

原則としてある程度の力があるのであれば、このように受験すればするほど、合格する確率は高まっていきます。

定性的に（勘や憶測で）、たくさん受験しても無駄と考える前に、

数学的に絶対的な真実としての確率を計算してみましょう。
もちろん、力をつけずにやみくもに受験しても良い結果は得られません。

――ここまで――

このように、例えば慶應大学6学部を受験した場合、どこかの学部に合格する確率は、数学的には、理論上99％程度まで、引き上がっていく。一つの学部に合格する確率を60％程度まで高めればいい。私は受験業界で（おそらくは初めて）確率計算による合格理論を持ち込んだ最初の人物である。

言い換えると、**慶應を受験する場合、歴史を選択して文系6学部を受験するという戦略軸がお勧めだ。**これを6アタックストラテジーと私は呼び、塾の生徒にも推奨している。

ぜひ参考にして、慶應大学に合格してほしい。

第2章

慶應大学の受験環境はこう変わった

しっかりした人が受かる時代に突入

慶應大学に受かる人は、従来テストで点数を取ることができる人だった。数学選択で合格する場合、この傾向が露骨だ。

ところが近年では、FIT入試、AO入試、推薦入試の合格者枠が増加。その結果、テストで点数を取ることができない人でも慶應に受かる時代となった。早稲田を受ける場合でも、慶應を受ける場合でも共通するのはしっかりしている人が受かるということ。鈴木福君が慶應大学に合格するのも同じような理由でもある。彼は、同世代の若者よりも**圧倒的にしっかり**している。

しっかりした人ということについて、いろいろな意味がある。

【しっかりした人の意味一覧（実相と考えてもよい）】

▼きちんと直前だけでなく、コツコツ学習する。
▼受験を楽勝でしょう？　となめずに、見積もりがしっかりしている。
▼先生にきちんと物事を教わる態度が立派でしっかりしている。

▼AOやFITを受けるなら、理念や志がしっかりしている。
▼面接の応答で、自分で主体的に考えることができ、受け答えがしっかりしている。
▼きちんと塾のカリキュラムなどを消化している。
▼物事の判断が我流で行き当たりばったりではない。
▼もう無理だ、ダメだ、死にたい……などとならずふんばる強さがある。
▼最後まできちんとやり抜くこと、頑張ることを価値しており、しっかりしている。
▼自分の実力不足に気付くことができる精神性が一定の水準に達している。

およそ、このように、しっかりしている度合いが強いほど受かりやすくなっている。場合によっては、経済的にしっかりしていることも、合格に影響することはあるかもしれない。全体的にこのように、グラグラ、ふらふらしていない人が受かりやすいと言える。

なぜしっかりした人が受かる時代なのか

・学部のレベルの低さに気づいていない

従来の一般入試は学力偏重。今の時代はAOも含むから……ということだけが理由ではない。

一般入試についても、しっかりしていない人は勉強についてこれないのだ。例えば小論文試験についても、しっかりした考えを持っていない人は、適当にやれば楽勝だろうと考える。また、先日まで高校生だった慶應学生に教えてもらおうと考える人は物事のレベル感をあまり把握できておらず、しっかりしているとは言いにくい。

学部学生が論文指導をするなどと聞くと大学教員は眉をひそめる。（信じられない）というわけだ。なぜならば、一流大学の教員でも、学部生のレベルは低すぎて幼稚園児のように見えているからだ。つまり、論文の書き方を学んでいない、知らない、できない人が論文を教えることができるわけがない。その場その場で感覚的に（こんな感じー）と教えることはできても、それではどんどん減点されるリスクがある。あなたよりも小論文が書けていない慶應大学の学生はたくさんいる。

・実力がなくても周囲がバカに見えてしまう仮想的有能感

近年仮想的有能感が問題視されている。仮想的有能感とは、有能さの感覚のことであり、他者の能力を批判的に軽視する傾向を伴う。現代の若者は、自分の判断力やその他の能力が優れていると考えており、客観的に自分の能力を評価できない傾向があるということが多くの研究によって報告されている。

よく分からない万能感に侵されている場合、その人はしっかりしているかと言えば、しっかりしていないということになるだろう。

実際に小論文を指導しても、自分の判断力が高いと考える子は、指導を素直に受けられないことが多く30点くらいのところで停滞することが多い。

また、教えてもらえば3秒で実力アップするのに、教えてもらったことに意味がないなどと判断を加えてしまい、慶應に全落ちすることが多い。

点数を圧倒的に取れない人が、点数を圧倒的に取れる人に教えてもらえば、一瞬で成長するのに、このことが既に理解できないのである。

そんなわけで、そもそも一般入試の小論文についてもしっかりした人が受かるということが言える。

さらに、判断がまずい子は、我流で変な勉強を始める。「成果が出ない参考書」、「点数が下がる小論文指導書」、「点数が上がらない無意味なYouTube動画」、「判断を誤らせる動画」、「間違った知識」を教える動画などをありがたがって見る。無論私たちは、神サマではないので、誰がいつ何を発表したところで、完璧なことはない。また、常に「恥をさらしている」とも言える。しかし、世界の情報流通に一定のスクリーニング機能がなくなり、商業メディアが台頭することで、問題は深刻化した。超情報化社会は、判断を誤りやすい社会である。

「解答例を自分で作成していないのに、2時間過去問題についてべらべらしゃべる講師の動画」などをありがたがって見る人もいる。判断できないので、このように意味がないこと、**むしろ点数が下がることをやってしまう**のである。情報化社会は、判断の選択肢が増えすぎて、「判断を誤らせる社会」でもある。情報が増えるので必然的に嘘も増える。

・ＡＯ入試はさらにしっかり度合いが求められる

拙著『総合型選抜（ＡＯ入試）学校推薦型選抜は研究力が９割』（エール出版社）という書籍で、慶應大学ＡＯ合格の秘訣が研究力にあることを私は暴露した。結局のところ、研究力そのものが判定されることはなくとも、広義の研究力に関する素地のようなものが、大学においてはしっかりしているかどうかという価値観から判定されることが多いのだ。

どういうことか。現代社会における学術というのは、実証主義という考え方に基づいている。つまり、しっかりしているかどうかだ。小論文の構成がダメなのは、この実証主義的な構成になっていないからでもある。面接の受け答えが、行き当たりばったりで全く何も考えられていないのも、いい加減な思い付きの連発になるからだ。このようにしっかりした受け答えができないことが、現代社会や現代の大学では、「致命的にダメな奴」という烙印につながっている。研究というのはその意味でしっかりの代名詞なのである。学者は一般的に、学術論文を大切な位置づけとして物事を見ている。しっかりしているからだ。このしっかりしている論文を書ける人がすなわち、大学においてもしっかりした人物ということになる。

その意味で、はっきり端的に述べてしまえば、落ちる総合型選抜書類というのは、どんなによく書けていると本人が思っていても、**単にしっかりしていない**ということになる。より一層しっかりした子が相対評価されて受かっただけ。なぜ総合型選抜（ＡＯ）の塾に通ったのに……なんて、悔しがっても仕方がない。しっかり判断できる人が受かるって本書で説明したでしょう？

詐欺でだまされる人は欲深い人

詐欺という言葉は文字にすると強い言葉なので、「簡単お手軽サービス」と言い換えよう。基本的に「教育」をショッピングできると考える人はどちらかと言えば欲深いと言える。欲深い人がだまされるんだ。なぜだと思う？　欲深い人は、楽して成果だけを出そうとする。だからそういう「うまい話」にひっかかる。受験業界もダイエットと同じだよ。**1年小論文の勉強を続けて受かる……が、半年で受かる……となり、1時間で受かる……で、最後は0分で受かるとなるでしょ**。いい加減気付かないと。そりゃ受験生を集めたら受かる子も出てくるよ。こんな風に欲深い人、言い換えると努力したくない人、決断して（やるぞ！）と思いたくない人、がターゲットにされている。

ダイエット商品の構造と同じでしょ。教育というのは、自分が成長するってことなんだ。だから本質的に自分が自律的に成果をたたき出すという精神面が必要になるの。みんな頑張るんだよね。頑張る？　と聞いて、最初の時に「頑張らないけど慶應」っていう人は少ない。みんな頑張るって言うんだよ。ちょっとだけね。続かないの。すぐやーめたってなるの。

頑張りたくない、もっと甘く認識したいという心がある。すると頑張って勉強しない、本も読まない、授業も聞かない。するとどうなるか。「対応するだけで受かる理論」など、とにかく手軽なことを信じたくなるんだ。自分の甘い認識を正当化してくれる理論は悪魔的なささやきなんだ。そのような考えは幻想だ。力がついていないのに、過去問だけやって力がつくというのはね。あなたに足りないのは「対応力」だけだという思想にすぎないと気付く必要がある。学識が足りないなら学識をつける。知識がないなら知識をつける。理解できないなら理解できるように学ぶ。思考力のレベルが低いなら技術化して高める。そういう当たり前の作業の先に実力向上がある。このようなプロセスをきちんとたどることができるように、本書で指針を提示しているんだよ。

総合型選抜（AO）対策は1週間でケリをつける程度に考えよ

そもそも、総合型選抜入試なんてのは、1週間程度でやるものだ。私も東京工業大学大学院博士後期課程の対策なんて、1週間程度しかしていない。逆に言えば、**1週間で対策してもダメなら、1年かけても合格しない。**

ここで注意点がある。総合型選抜は1週間でいいと述べているわけではない。逆に言えば、それだけ高いエネルギーが必要だということだ。1週間程度の作業で慶應に合格できるような高いエネルギーがある人が受かる。小論文試験対策も同様で、「時間内に書くことができない」と悩んでいる人は、根本的にはエネルギーの問題なんだ。時間がないからという理由で、ノウハウを求める人は、またできない……となる。その上でノウハウにケチをつける。あるいは、ダメな構文系ノウハウ（小論文の書き方はこれで書けば思いつかなくても文字を埋めることができるぜ俺流だ……という類い）で文字を埋めることに満足して落ちるというのがパターンである。ここでもしっかりしている人が受かるということになっている。

総合型選抜（AO）専門塾はどこまで効果的なのか

私は総合型選抜専門塾を全面的に否定しない。ただ、全体的に間違っていると思える。理由の一つは、慶應合格率シェア上位の塾が、**通っても通わなくても合格率が同じ**……などと週刊誌にすっぱ抜かれていることである。また、このような大学の評価基準に寄せようか……という受験対策そのものが、受験の本旨に反する。例えば表現力をアピールするために、鉛筆でらくがきのようにフリーハンドの書類を作ることに一体何の意味があるのか。合格パターンをなぞるように、この手の書類を量産して大学に送るのは、大学をなめているようにも見える。ところが、受験生の側からすれば、なんとなく、合格の定型パターンのようなものがあるように思えてしまう。その上で、なんとなく塾を決める。きれいなウェブサイト、きれいな画像、練習というなんとなく効果があるかのように思えてしまうキーワード、集団授業で集まりわいわいやる「やってる感」（極めて主観的だが、効果があるのかどうかはともかく受験生活は充実しているように思えてくる。）など、受験生を惑わすものは多い。

結局のところ、AO関連のサービスとは、最終的な「成果物」（提出書類）の完成度である。

そもそも、受験生は、経済的に豊かな子もいれば、英検1級を持つ子もいれば、検定試験の合格実績がある子もいれば、スポーツで成果を出した子もいる。そんなわけで、ある程度その受験生の「強み」に特化したカスタマイズが必要となってくる。カスタマイズとは、あなたの強みが出るように書類を一人一人仕上げることだ。成果物のレベルで決まる以上、レベルが高い人に見てもらわなければ意味がない。

ところが受験生は、英語で書類を作ると評価されるのかしら？　と思ってみたり、弁護士になると書けば評価されるのかしら？　と思ってみたり、文面に妙な重みを演出すると評価されるのかしら？　などと勘違いをしていることが多いのだ。

これらはすべて意味がないどころか、多くのケースでマイナスである。文章に重みを出す暇があったらやるべきことをやれ！　と思われてしまっているのだ。やるべきこととは、将来構想の精緻化・洗練化・ビジョンの明確化、エグゼクティブサマリーとしての書類の完成度、論理の飛躍やもれのチェック・明晰性の高い文章表現（大学に出す公的な書面という意味で、書籍の文章ではないので勘違いしないようにね。）将来構想の新規性・進歩性・学習計画の明確化・研究内容であれば研究レベルを反映させた書面づくり・先行研究の十分な調査・先行研究の整理などである。本書を読んでいるあなたは、このような「恥ずかしい失敗」をしないという意味でラッキーである。中身がないのに重みだけを小論文や書面に出そうとしている場合は、3秒くらい（見る人・見ることができる人が）見ると分かってしまう。

最初は30点からスタートのＡＯ・ＦＩＴ対策

ＡＯやＦＩＴの書類は、誰でも最初は25点や30点程度だ。この段階から何度かメールなどでやり取りをして、改善点をアドバイスしていくと、80点に近づいていく。80点程度の点数になったら、合格を十分に狙うことができる。

問題はいくつかある。

▼問題１：自分の点数の低さに気付いている人は少ない。
▼問題２：自分の面接の点数の低さに気付いている人は少ない。
▼問題３：先生について素直に書類を作りきる心がない。
▼問題４：エネルギーを出して、短期に成果物を作りきることができない。

一つずつ確認してみよう。

▼問題１：自分の点数の低さに気付いている人は少ない

一般的に高校生が作った書面がとんでもなくよくできていることは、まずない。全国1位でも、偏差値が高くても、東大・京大に合格する人でも（私は塾で指導して東大に合格させている）同じだ。

大卒、短大卒、大学院卒関係なく、だいたいレベルは非常に低いのが一般的である。大学院卒の方がましだ。高校生については、レベルが高い書面を作ることができたらおかしいくらいに考えておく方がいい。ところが、この年頃の子は、まだ大学などで挫折感を味わったことがないので、法律の条文を引用したらレベルが上がっていると思い込んだり、人が知らない言葉を使用すると、ハイレベルになっていると勘違いしてしまっていることが多い。そのほか、英語で書面を作ったらレベルが高いという勘違いも多い。これらのことは大学では基本的に全く評価されないと思ってほしい。きちんと質の伴った内容にする必要がある。質が伴うとは、研究的に、しっかりしている、あるいは入試の趣旨を理解した成果物が整っていることを指す。

▼問題2：自分の面接の点数の低さに気付いている人は少ない

面接については、何か受け答えができてればもう80点取れているというような勘違いも多い。基本的に面接練習をしている人でも、50点程度。面接練習をしていない人は、**だいたい20〜30点くらい**である。

的外れな内容、不勉強の露呈、知識不足、質問の意図を理解できていない、長すぎる回答、こびすぎ、緊張しすぎ、質の低い回答、などの失敗例が多い。これらについて、見ることができる人に見てもらい、早急に改善案をアドバイスしてもらうことが大切だ。

面接も小論文と同様で、自分の頭はいいんだと思っている子は、かなりまずい回答になりやすい。先ほど述べたような回答をしておきながら、（何がまずいの？　完璧なのに？）などと思い込んでいることが少なくない。

また、自分は完璧だと思っている子の場合、アドバイスが耳に入らないことが多い。結局早く心を入れ替えて謙虚になる方が合格が早い。

▼問題3：先生について素直に書類を作りきる心がない

先生のアドバイスを参考にしようとする人は落ちる。全力で従う人は受かる。なぜそうなるのかと言えば、基本的に教えてもらう側は多くのことについて理解レベル（の程度）が低いからだ。同じことを何度も指摘される人は、理解がおいついていない。しかし、（それはもう分かっている）などと思っていることが多い。**できていない以上、分かっていないのだ。**そのことにまず気付く必要がある。

結局書類をいいかげんに、我流で作る人が落ちている。ところが何がまずいかと言えば、受験生の側からするとサンプル数が1。つまり、自分を主観的に見るしかないので、自分がどの程度まずい状態なのかを理解することが難しい。「理解できない指導に従う必要がありますか？」などと質問してきた子がいるが、答えはイエスに決まっている。なぜならば、自分のレベルが低すぎて理解できないことが指導現場では一般的だからである。先生が述べる内容は、一般的に表面的に理解されている。自分が物事を**そもそも浅く理解**しているのだから、頑張って先生についていこうという姿勢が大事なのだ。

▼問題4：エネルギーを出して、短期に成果物を作りきることができない

エネルギー不足でも、期間をかければ成果を出せるだろうなどと思うと、そうはならない。なぜならば、ド短期でエネルギーを出すことができない人は、結局ダラダラと、低いエネルギーで作り出した低いレベルの成果物を作り続けることになるからだ。

もちろん、受験生はみんな頑張っている。問題は、頑張りのレベルが人によって異なるということである。

では、エネルギーがないならもうダメなのか？　そうでもない。エネルギーを出すための、施策が存在する（知っていればそれなりに対処できる）。それらのエネルギー（やる気）を出す施策を用いながら、頑張ることが人生において大事だというように、自分の信念、価値観を変えていくと、合格体質となる。

物事を冷笑的に見たり、うがってみても、そのように見ているだけで真実を見抜いているわけではない

なんでもネガティブに物事を見る人がいる。こういう人は、ネガティブに見た分だけ、自分が優位に立っていると考えていることが多い。実は自分が間違っているだけ……なんてことは非常に多い。

なぜこのようになるのかと言えば、一つの理由は推論能力だ。自分の推論能力が高いと考える人は、他の人よりも推論能力が低い傾向がある。各種先行研究でも、明らかになっている。

小論文点数は下降傾向。楽をして受かろうとする人が増加傾向

小論文の点数はここ10年程度で、年々悪くなっている。特に顕著だったのが、LINEなどのチャットアプリが流行するようになった時代である。この頃を境にして、大学受験生の表現力がガクッと落ちた。多くの若者が、本を読まなくなったのか、メールの方がまだ書き言葉としてましだったのかは不明である。その後だんだんと、受験生の思考力（平均値）そのものが低下して

きた。

言ってみれば、慶應大学はずいぶん受かりやすくなったと考えることができる。きちんとおけいことして、コツコツ学びさえすれば、上位に誰でも食い込める時代となっている。

2020年度から募集人員増加。総合150名、環境150名の合計300名

ＡＯ入試の募集人員が増加し、慶應大学は合格しやすくなったと言えるのではないか。ただし、外形的に、募集人員が増えたからといって、面接試験があるような試験は、水物だと考えた方がいい。

ＡＯ入試に関する勘違いは、頑張れば合格させてもらえる……というものである。いくら頑張ったところで、面接で気に入らないと思われてしまえば絶対に受からないのがＡＯなのだ。

私は、自分が大学院を面接した時に、「君にはなにわぶしのようなものはないのかね」と指摘されたことがある。その理由は……**私が黒のロングコートを着ていたから……**。その後も理不尽な指摘を1時間くらい受け続けた。一方で、私は「その理不尽な指摘を受けた大学」より学術ランキングがはるかに高い東工大に一発合格した。つまり何が言いたいのかと言えば、

おかしな理由（外見など）で評価が下がることがあるということ。

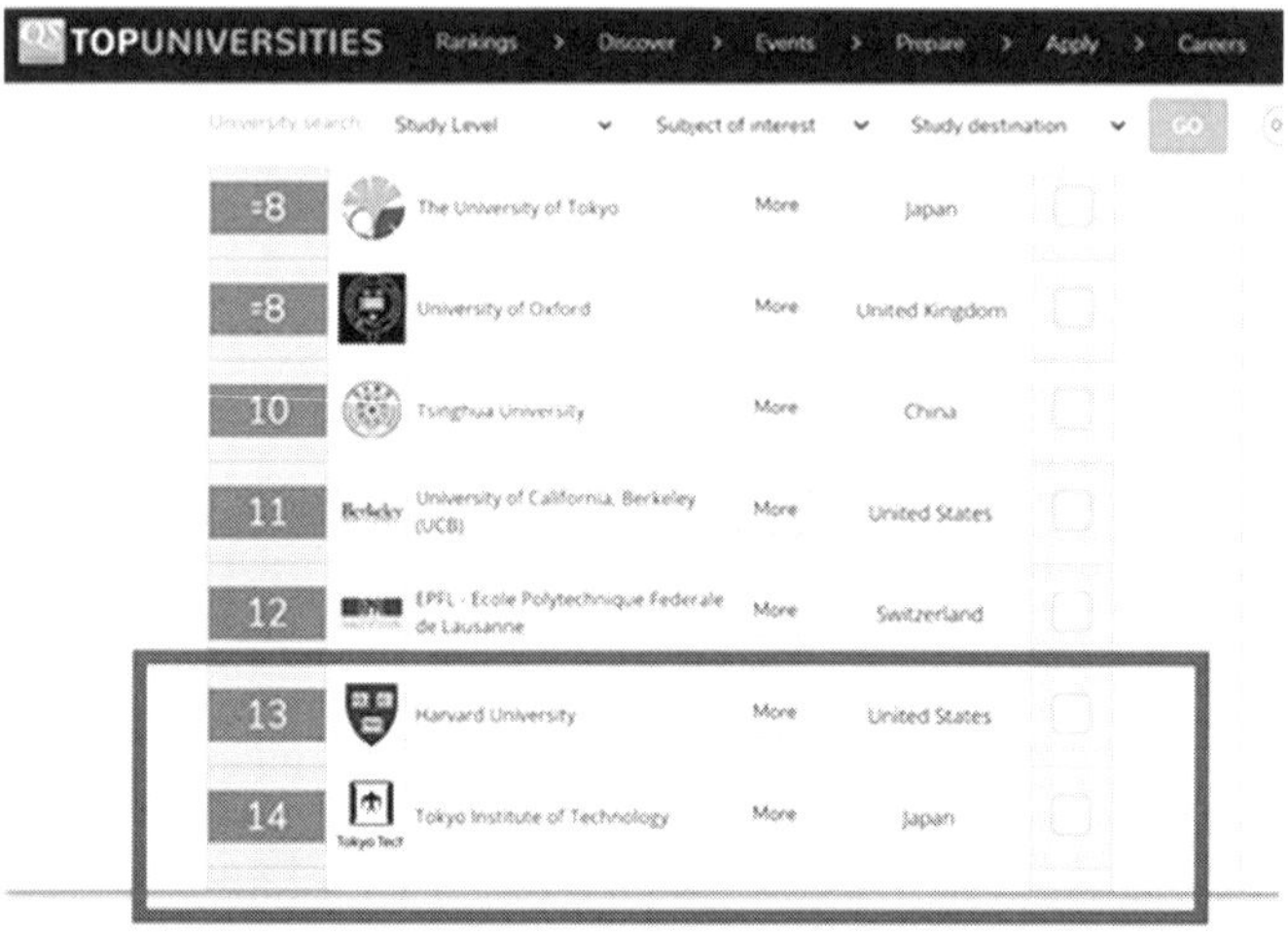

出所：QS大学ランキング、その他「教育・研究力ランキング:TRENDY2018」

国内第3位（総合順位）

総合順位でも、東京大学、京都大学に次ぎ3位と
評価されました。（QS大学ランキング）

大企業就取率ランキング1位

出所：2018年8月4日発行「TRENDY」

※東工大はハーバード大学と並んでいる。日本でこのように工学系で世界トップ10位あたりの大学は、東大と東工大のみ。

あくまでも一般的なことを言えば、志望理由書などの成果物が良ければ受かりやすい。また、面接もしっかりやっておけば、受かりやすい。

しかし、それはあくまでも結果論的な後付け解釈だ。受験論から言えば、リスクでしかない。頑張っても報われない総合型選抜入試、ＦＩＴ入試に対して、**頑張ればまず間違いなく合格できる一般入試という構図**が存在する。

まるでアイドルのように外見に恵まれている子があっさり合格して、志望理由書を2年かけて作り上げた人があっさり落ちたらやってられないと思うだろう。しかし、暴露すれば、大学の面接試験などでは、そんなことはざらである。

そこで、**ＡＯやＦＩＴはおまけで受けるという戦略が絶対的に重要**となる。

慶應大学にまぁラッキーで受かったらいいなという人は、ＡＯやＦＩＴを頑張ればいい。しかし、落ちた時にガックリしないこと。

総合型選抜は水物だという前提に立脚した唯一の書籍が『総合型選抜（AO入試）・学校推薦型選抜は研究力が9割』（エール出版社）

水物とは、運や状況に左右されやすく予想が立てにくいものという意味である。**当たり前だが、広告費を払っている専門塾がこのような実情を暴露することはない。**

総合型選抜について、良い内容が書かれている書籍はあるのかもしれない。ただ、私自身、拙著『総合型選抜（AO入試）・学校推薦型選抜は研究力が9割』という書籍を書いた時に、総合型選抜に関する書籍をあらかた読んだ。FIT入試、総合型、推薦に関する書籍を読んだ結果、入試の実態を暴露できている書籍がほぼないな……という感想だった。

大学であなたが**評価される基準というのは、原則として広義の研究力**なのだ。これは東大、医学部（国立含む）・大学院・文系理系関係がない。総合型選抜について検索すると、ずらりと広告が出てくる。これらの広告を打っている業者が、本当のことをなかなか教えてくれないのは、塾に入ってたくさんサポートすることが大事だとあなたに思ってほしいからなのかもしれないね。基本的に、一般的な塾が不要なんだよね。つまり、集まってワイワイやるのは最悪、グループレッスンも最悪……と思える。なぜならば、私の生徒で、かつてグループレッスンを受けていて、何も分からなかったという子がいるからだ。また、私がグループレッスンを東京でやってみた経験がある。集まるだけだな……と確信した。競争をしたり、対話をしたり、ディベートをやっても同じこと。**教室に集まることで教育効果が高まったりしない。**

受験戦略として、総合型選抜にかけるようなやり方は基本的に（相当勉強するのがイヤという場合を除いて）オススメできない。

だから総合型選抜、ＡＯ、ＦＩＴ、推薦入試を受けるなら、拙著『総合型選抜（ＡＯ入試）・学校推薦型選抜は研究力が９割』を最初に読むのがいいと私は考える。

慶應大学の小論文はどう変わったか

近年の傾向として、思考力を試す方向性から、研究力の素地を見るような方向性へと全体的にシフトしているように見える。

この傾向は、今後も続くかどうかは不明である。

深く物事を洞察する必要がある問題から、聞かれたことに答えていけばよいような問題へと変容しつつある。

深刻なのは小論文の書き方・考え方に関する先入観

近年オンラインで不適切であると思われる小論文の解答例を『模範解答』として紹介するようなサービスがあるようだ。この手の『模範解答』は、外部発注して作られているようであり、（外部のおじさんが書いている）その都合でなのか、一定のテンプレートにはめて書かれていることが多いようだ。

そもそも、そのテンプレートに合格の力がないという事情も問題である。もっと深刻なのは、そのテンプレートで書かれているのでカンタンと思い込む受験生がいることだ。さらに深刻なのは、そのようなテンプレートで書くことが合格につながると信じる学生が増えていることだ。

沢田教授（筑波大学名誉教授）は、市販の小論文の書籍の約95％の内容はダメだと著書で述べている。

このような事情は、小論文試験に限らず、総合型選抜にもあてはまる。つまり、特定の**テンプレートを真似する悲劇の再生産**が繰り返されているということである。

受験生は何が正しいのか分からない。そこでオンライン検索する。そこで見たものが正当なものだと思い込む。受験生の多くがそれを真似するようになる。センスがある学生はいるので一定の学生が受かる。それを見て、やはり受かるんだと勘違いする学生が出る。みんなで低い点数のテンプレート回答を作る。

このような状況に対して、立教大学の石川教授は、皆大学教員は辟易としていると述べている。こんな現象が起こっている。

そこで、みんな書く内容が一緒。

志望理由書なら、私は将来○○をしたいので、貴学を強く志望する。などと書いている。また、小論文試験なら、構文を書いたり、背景を書いたり、原因を書いている。

このような対策がしっかりしていると言えるだろうか。当然言えない。

しっかりしていないという問題にどう向き合うべきか

「しっかりしている」ということは、2023年以降の一つのキーワードとなるだろう。2023年以降は、しっかりしているかどうかが問われる時代となる（この書籍は2022年に執筆している）。時代的に大きな混乱がある時だからだ。価値観は荒廃し、精神性が失われている。頑張る人は少なくなり、いい加減に物事を考える人が増える。倫理を大事にする人が減る。いい加減な情報が氾濫する。そしりを受けるべき人がもてはやされる。

若い人に伝えておくべきことがある。それは、仮に多くの人が堕落したり、価値観が荒廃したとしても、そのことと実態は別だということだ。ところが、人間には集団同調性バイアスというものがあり、流行っている価値観が正しいかのように思えてしまうものなのだ。だからこそ、より一層現代においては、しっかりしていなければならない。

有効な手立ては少ない。そのことを承知の上で、いくつか大事なことを伝えると以下のようになる。

【しっかりした状態となるための方法】

① 情報化社会で情報弱者になる仕組みに気付く。
② 謙虚に無知の知（知らないことを自覚するという意味）を大切にする。
③ 精神性を大事にした書籍を読む。
④ 拙著『なぜ人は情報を集めて失敗するのか？目標達成論』を読む。
⑤ コーチを師匠としてつける。

およそこんなところだ。受験は10割判断で決まる。判断は精神が作る。頭の良さではない。落ちる人は「もっといいノウハウ出せー」と考えて落ちる。自立した人が受かる。受験は自分事なので人のせいにはできないことは、みんな理解している。しかし、自分の自律性や判断に問題があると考えることができる人は少ない。謙虚な人は先生の指導を完全に理解できていないと考える。先生に教えられることはすべて大事だと考える。謙虚さ（精神性）がなくなると、教えられたことも、それ以外も完全に理解できていると考える。そして自分以外の人は、なぜこんな簡単なことがわからないんだろうと考えるようになる。そして周囲がバカに見えてくる。この状態になると、自分の判断が間違っていることにも気付けなくなる。自分が失敗しても周囲や環境、運のせいにしてしまう。

「しっかりしていない」の背景にあるのは、「甘え」「甘い認識」なんだ。換言すると「実態以下に甘くこの世界を認識する」ということなの。

「他人のレベル」「コミットメントのレベル」「学ぶということ」「価値判断」などその他もろもろについて「実態・現実」よりも認識が下回っているということなんだ。

第3章

合格事例とデータから見える慶應合格の鍵

オンライン検索しても意味があるデータは出てこない

多くの受験生がやることは、合格者の真似だ。ところが、現実には、不合格者も合格者も同じことをやっている。結局合格者を真似しても意味がない。

同じような理由から、オンラインで検索してみたり、質問コーナーに質問するのも意味がない。おそらく、慶應受験をしていない、慶應に受かっていない人の慶應受験ブログは意味がないだろう。きちんと確認してからチェックしてるだろうか？　多くの人がチェックしていない。

このように諸条件を無視してオンラインで情報収集をしても、あまり意味がない。それではどうすればいいのか。一つには、合格者の共通点と不合格者の共通点に注目することである。その上で、**違いを生み出す違い**について、きちんと考察すること。勉強量が足りていないだけなのに、（塾が悪かったんだ）と思っても間違っているし、散々言われたことを無視して不合格になっているのに、塾が悪かったと思っても、仕方がない。こういう人はまた不合格となってしまう。浪人すれば時間があるので大丈夫……とはならないのである。

大項目は、勉強量（とそれを支える管理法）・勉強方法・受験法

成果につながりにくいポイントから考察しても意味がない。ところが、ネット上では、「本は何を読めばいいのでしょうか」とか、「小論文はいつから勉強すればいいでしょうか」という具合に、あまり結果に影響しない（これらが結果に影響するという先入観は強いらしい）点を聞いている人が多い。

受験慣れしている人なら、何時間で受かる試験ですか？　と質問する。言い換えると、何冊覚えれば合格しはじめますか？　ということだ。

ここがしっかりしていないのに、いくら他のところで何を期待しても無駄に近い。つまり……勉強しないのに、塾はどこがいいのですか？　小論文はどれだけやればいいですか？　過去問題を練習すると受かりますか？　いつから小論文をやればいいですか？　といくら質問しても受からない。関係があることを聞かなければダメだ。

勉強法もへちまもないんだよ。慶應なんてCD聞いていれば受かるんだから

実際問題、慶應大学は、英語のCDを聞きまくっていれば受かる。塾はどこがいいのですか？とか、有名進学校じゃなきゃダメなんですよね？　とか、地方はダメなんではないですか？　など、さんざん合格に関係ないことばかりを気にしまくっている人が多い。実情を知らないんだよ。詳しくは拙著『誰でも合格点を再現できる慶應に合格する英語勉強法』（幻冬舎）を読んでもらってもいい。

学習管理の塾？　必要ない。

ＴＯＩＥＣの過去問題をひたすら一緒にやるサービス？　もっと必要ない（なんの意味もないと思うけどなぜ意味があると思うの？）。

学習管理の塾は、いつ何の参考書をやるのか管理するのでしょう？　なるはやなんだからその管理に何の意味があるのか？　ないよ。結局それで受かるという理論を買ってるだけなの。多くの保護者は、家に子供がいるとイライラするから安心を買いたくて塾にお金を払う。子供は勉強をやらないから、強制的にやらせてくれるところを探す。でもね。それが子供を不幸にしてしま

うよ。だってやらないでいいってOK出してるんだからね。子供を甘やかしてしまうの。それはダメって思いながら、ついついかわいいから、『あなたにあった塾があるんだからね。』なんてことを言ってしまう。言い換えるとね。塾なんて、嫌ならいくら変えてもいいんだからね……ということ。こんなことを言ってたら、将来が台無しになっていくよ。なぜかというとね。いい先生ってたくさんいないのよ。

例えば、本書のように慶應は、**CD聞いてれば受かるから、いい塾も不要だし、進学校も不要なんだよってズバリ教えてくれる人はいない**でしょう。問題解決能力があることと、成績がいいのは別なんだ。がり勉で成績がよかったから、教え子も同じことをやらせて東大に受からせることができるかといえばそうではないでしょう？　私は大学院在学中に、東大卒、東大院卒、東大医学部卒、東大博士課程修了者、京大卒、旧帝大卒の医師、国立大学出身の医師、ソウル大学卒業者などが在籍するクラスで成績優秀者になってる。なんで？　問題解決が得意なんだよ。牛山も苦手なことはたくさんある。問題解決が得意なだけなの。だから自分も受かるし、何より受からせることが得意なの。英語の成績を引き上げるなんて朝飯前なの。

そもそも自分にあった勉強法だとか、自分にあった塾なんてのは、基本的にはない。「原理的に効果的な方法」と、「効果的ではない方法」があるだけ……と思った方がいい。細かい例外はあるけどね。しかし、例外ばかり気にしてもあなたの人生が変わらないと意味がないでしょ。だから、いい先生がいて、そうでもない先生もいると考えた方がいい。スポーツが強い学校の先生は、毎年生徒を育てている。つまり、育てる力がある先生とそうではない先生がいるってことなの。それにもかかわらず、あなたにあった塾があるから……と言うのでは、超弱小のスポーツ学校に子供を入れて、スポーツで成功を狙うようなものだ。『お母さん、この学校のスポーツ僕にあってる！』と言ったところで、負けて膝から崩れ落ちて、泣きまくり、悔しがっていたらその方がかわいそうでしょう。勉強で人があっていると感じるのはだいたい**楽して楽しい時**だ。お金と時間と労力を使ってワクワクして落ちるのは悲しい。

このようにならないためにも、実態はどうなのかをきちんと知る必要があるんだ。

勉強しても英語ができるようにならない理由は、英語のまま理解していないから

多くの人は、英語を学んで、日本語訳を学んでいる。この勉強を続ける限り、いつまで経っても英語をスラスラ読めるようにはならない。

頭の中で日本語訳を作る作業をずっと続けるので、理解が追い付かなくなるんだね。だから英

単語の日本語訳の丸暗記で受かるのは、頭がいい人だけってなってしまうの。でも、あなたも日本語ペラペラでしょう。でも英語はダメな人が多い。つまり、**頭の使い方も学習方法も違う**んだ。

英語については高い教材を買わなくていい。英語が苦手な人は本書で紹介する安い参考書を買ってほしい。

エビデンスよりもエビデンスレベルを重視する

どんな事実があるかよりも、どの程度の信頼性のある事実があるかが大事だ。また、事実からどのような解釈をどのような根拠から導くかが重要だ。結論から言えば、ある学習が効果的かどうかについては、二群比較が重要となる。つまり、A群とB群の比較によって、成果を比較した場合に、統計的に優位な差が認められた場合に、意味のある差があったと解釈されるのが一般的だ。

このような二群比較や、効果的な学習論は第二言語習得に関する研究領域で明らかになっていることが少なくない。そのような知見を考慮に入れた上で、本書では、学習法を提案している。

落ちる人の思考回路

落ちる人は以下のような共通する思考パターンがあるようだ。

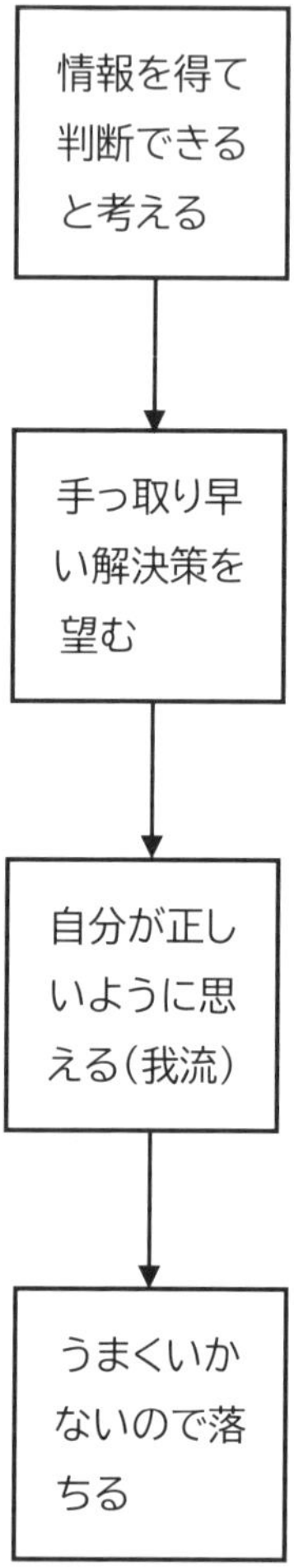
情報を得て判断できると考える
手っ取り早い解決策を望む
自分が正しいように思える（我流）
うまくいかないので落ちる

落ちる人は、何を教えてもらっても、そもそも価値があることを教えてもらっていないと感じている。自分に実力がなくても（そうなのかなぁ？）と疑って自分の考えを優先する。しかし、これから述べるスカ勝ちしてしまう「受かる人」は同じことを教えてもらっても価値があることを教えてもらっていると感じている。

受かる人の思考回路

受かる人は、記憶方法、小論文、学習法、受験法などでこの人が上だと分かる。そのため、言われたとおりにする。そして簡単に慶應に受かる。

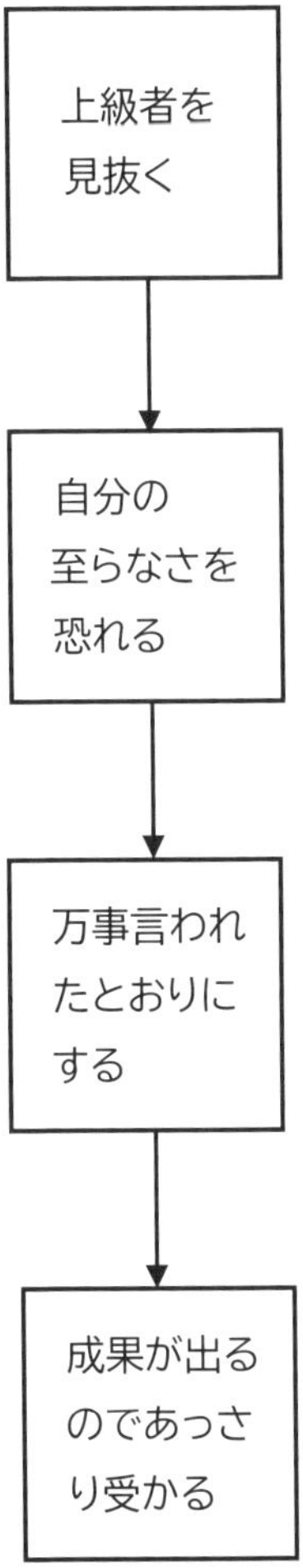
上級者を見抜く
自分の至らなさを恐れる
万事言われたとおりにする
成果が出るのであっさり受かる

能力は関係ない。コーチに言われたとおりにすれば、自分よりもはるかに能力が高い受験生にあっさり勝てる。このことが良く分かっている人は受かる。

もう少し詳しく記述すると以下のようになっている。興味がある方は参考にしてほしい。本当にこれだけで合否が決まっている。

全体の構図

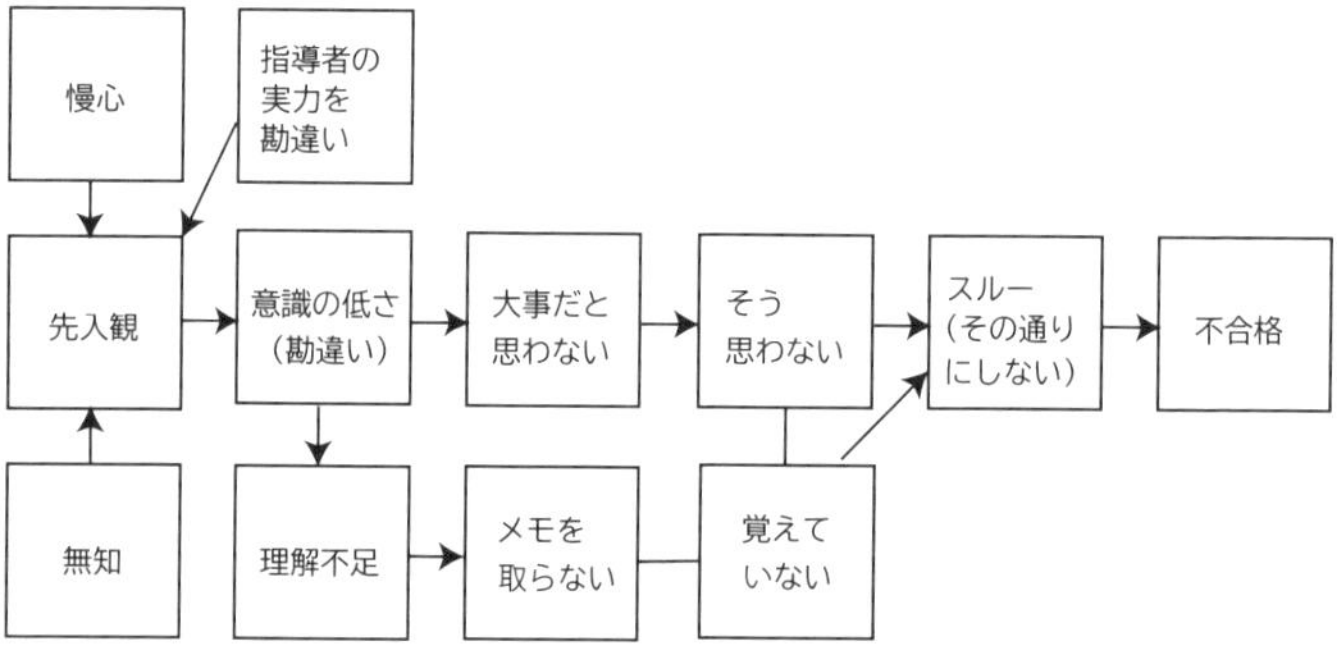
慢心
指導者の実力を勘違い
先入観
無知
意識の低さ（勘違い）
理解不足
大事だと思わない
メモを取らない
そう思わない
覚えていない
スルー（その通りにしない）
不合格

記憶力と判断力（問題解決力）を混同しない

学校の成績がいい場合、漠然と「頭がいい」などと世間では言いがちだ。ところが、学業成績は主に記憶力がものを言う。そのため、学業成績がよいことと、問題解決力は別である。どうやれば慶應大学に合格できるのかについては、広義の判断力（問題解決力）が関係している。そのため、進学校であるかどうかも関係ない。偏差値が高いかどうかも関係ない。あなたの自信の強さも関係ない。自分は物事を分かっているかどうかに関する確信度ともほとんど関係ない。多くの人は、自分は絶対に正しいと思って落ちるのである。

ではどうすればいいのか。**第一に学術上級者を頼る（博士課程で3年以上）。第二に問題解決上級者を頼る（MBA保持者など）。第三に問題解決が得意な人間を頼る。**この3点に気を付けて師をつければ慶應大受験では（大学受験では）判断ミスを極めて回避しやすくなる。

「同じ練習でも何を感じながらやるかによって全く効果が違ってくる」イチロー

練習はやればいいわけではない。小論文について過去問題の練習も同様だ。

▼何を感じながらやるかで効果が変わる。（イチロー）

▼練習の効果を10倍にするのは分析だ。（きよりん・天才ピアニスト）

▼こいつら（オリンピックの強化選手）にあらためて指導なんかいらんねん。（銀メダリスト篠原信一）

▼成果を出すのは、素直な人です。（金メダリスト故古賀稔彦選手）

一流に共通するのは「高い練習目標」（何を練習するか）だ。

練習はやればやるだけ成果が出ると思い込んでいる人がいる。練習回数が成果を決めると思い込む人がいる。しかし現実には、練習の質が重要だ。**練習の質を高めるのは、コーチの質（レベルの高さ）である。**コーチの質が分析の質を決めるからだ。従って、我流の練習や素人の添削では小論文の点数の伸びは限定的となる。あるいは本書で紹介したようにマイナスとなる。

合格の鍵は「レベルの高さ」を認識する力と「素直さ」にあり（高品質指導・小論文指導）

不合格になる子の共通点は、レベルの違いが分からないことだ。そのため、なぜ私の教え子が東京大学に合格するのかもよく分からない。学力基準は偏差値という固定観念、頭の良さは万能という固定観念がある。現実には、学力基準は学ぶ力であり、偏差値は単なる到達点の一つにすぎない。頭の良さは万能ではなく、判断力と記憶力は異なる。従って、問題解決力が高いコーチが必要なのである。合格プログラムを組む問題解決力が必要なのであり、英語や歴史の授業が必要なのではない。この事情が分からない人は、（もっと授業が欲しい）などと考えてしまう。授業など1分も受けなくても、あなたが3万項目覚えれば、簡単に慶應は受かる。それなのに、なぜあなたは授業が欲しいのか。あなたに足りないのは記憶である。それでは、どうやればより多く記憶できるのか。記憶に関する問題解決が必要だ。東大合格者は、たくさん勉強した人なので、あなたのこの問題を解決しない。必要なのは、記憶力がよくないのに、数万項目記憶したような方法論だ。それを本書で紹介している。

また小論文についても、論文作成能力や研究力の違いが分からない人は、すべて文章は同じに見えてしまう。

うまくできないのは、タイムマネジメントに原因があるのではなくプロジェクトマネジメントに原因あり

何をやればいいのかが分からない。だから管理してもらえれば合格できる……そんな風に考える人がいるのは誰かにそういう理論を吹き込まれたからだ。一人でやって勉強できない奴が管理してもらっても勉強できるようにはならない。ポイントは、どの時間に何をやればいいのかが分からないのではなく優先順位が分からないことなんだ。例えば慶應SFCなら、以下の内容が優先順位の内高いものとなる。

【慶應SFCに受かるマイルストーン（成果要件）】

◆優先順位1：英語（もしくは数学）の点数7割

◆優先順位2：3つの宿題（詳しくは拙著『慶應SFC小論文対策4つの秘訣合格法』）そのための、約200枚のカードづくり（アイディア出しと思ってもよい）

◆優先順位3：小論文の減点防ぎ：上級者に添削を受けて暗記

◆優先順位4：小論文試験対策の理由集め
◆優先順位5：問題解決学（PSA）の理解

英語の点数7割のためには、①約3000〜5000個の英単語の暗記、②理解速読の把握（拙著『速読暗記勉強法』を読む。③解答力を養成する。というように、この3つが最優先。つまり、①ボキャビル、②読解、③解答力ということだ。

あのね、3000個英単語を覚えた状態で5割取れる人が1万語に暗記量を増やしても、点数はあんまり変わらないのよ。優先順位を間違えているんだ。

英語はこのように、勉強方法を間違うと、泥沼にはまるように、点数が伸びないので注意しよう。YouTubeなど見ている暇はない。変な情報にぶちあたり、ここに書いたような勘違いを始めるだけだ。この優先順位で、わき目をふらず、きちんと課題をこなしていけば魔法のように点数が伸びる。

やる気が出ないのは周囲に人がいないからではない

自宅で自習をしていると、周囲に人がいないから頑張ることができないと考えてしまう子がいる。一人で頑張れない人は、周囲に人がいても頑張れない。特に浪人生がこの「考え」に取りつかれることが多い。

やる気の鍵

基本的にやる気が出ない人というのは、言われたとおりにやれば受かると思っていないことが多い（つまり既にここで勘違いしている）。ダントツの実力者にしっかりついていけば、バカみたいに簡単に受かるのに、コーチの力を信頼しきれずに落ちているだけなのだ。ここまでに述べたようにどんな難関試験でもスカ勝ちして受かるのは、素直な人。つまり、言い換えるとコーチの力の大きさが分かる人である。コーチに力がないと思う人は、自分の力を過信していたり、大学の存在を大きく考えすぎていることが多い。レベル感としては、低いところで勝負していると いう感覚がある人はまし。なぜならば、先生についていこうと思えるからだ。一方で、ここですでに勘違いしてしまい、かなり難しい試験に実力がある自分が挑戦すると考えている人が落ちやすい。

やる気の鍵は次の4つ。

【やる気の鍵】
1：落ちるかもしれないと思わず、自信がしっかりある。（ない場合は作る）
2：必ず合格すると決断している。（プライドを捨てる程度の腹積もりはある）
3：コーチや先生にプロセスを質問し、把握している。
4：コーチを信頼できている。

コーチや先生のアドバイスは、「指導」と考える方がいい。その上で、全力で言われたとおりにやる。すると、最初は理解できなかったことが徐々に理解できるようになることが多い。一方で、慢心を起こした場合、初歩的なことがずっと理解できない。結局心で落ちている。心と言えば、ふわっとしているので理解できない人が多い。もう少し具体的に言えば、心と実態的社会の関係がいまいち理解できていないということでもある。きちっとしたメールを送ってくる子は受かりやすい。その理由は常識感覚。常識がある人の方が受かる。本書で説明しているしっかりしているにも該当する。常識がある人が受かりやすいのは、実態に即しているからだ。対人関係でも、指導者との関係でもその他の人との関係でも、資料作りでもなめている人が落ちやすいのは、**単に実態に沿っていなかっただけ**。判断ミスとはそういうこと。つまり、なめるのは好きなだけなめたらいいんだけど、（あなたの人生はあなたの自由）期待したより現実が少し厳しかったというだけの話である。または、ずれていたということなんだ。

1割の例外を除いて、9割は小論文で落ちている

英検1級と、英検準1級を持っている人以外は、原則小論文で落ちていると考えた方がいい。その理由は、そこそこ倍率があること。つまり、まんべんなく取らなければ、慶應はちょっと難しい。いや、そんなことはない、歴史を極めたら受かるかも……と考えていた子が慶應法学部に落ちていた。こんな風に、小論文の失点をカバーできるのは、英語が特別にできる場合だけだ。ところが、全員英語ができるようになるわけではない。そもそも女子の方が、英語の平均点は高いしね(数学は男子の平均点が高い)。そんなわけで、小論文にしっかり取り組むのが上策である。慶應受験生は、時間がないと叫びながらパニックとなり、英語をやりまくり、その勉強がから回って落ちるというのがパターンなのだ。

小論文の秘訣は、高度な知識と経験を有した人の本を読むこと

多くの受験生は小論文試験を勘違いしている。何度も言うが、慶應(学部受験)のレベルは到

達水準という観点から高くない（このあたりは、数学などの場合、よりイメージしやすいかもしれない。大学院入試の数学は、学部受験よりはるかに難易度が上がる）。慶應合格者は小論文のレベルが高いわけではない。問題も難しくない。YouTube は、参考にならない。小論文試験で点数を取りたければ、「小論文の書籍」を読むことが大切だ。ただし、注意点がある。博士課程を経ていない人の小論文本は、危険性が高い。その理由は、そもそも論文のライセンスが博士課程を経ることであることが圧倒的に多いからだ。つまり、修士や博士というのは、学術のレベルのことだとざっくり理解して構わない。レベルが高い人の方が、より適切な内容を指導していることが多い。そうではない場合、点数が下がってしまう指導をしていることも日本では多い。そもそも海外では、院卒以外が教員をすることが少ないようだ。

勘違いを修正することを好むことで受かる。時代性についての勘違いを特に重視せよ

多くの人は勘違いを修正することを嫌う。自分の盲点を克服しない人は受からない。なぜならば、うまくいくには成功する方法を真似してもダメだからだ。なんで？　失敗するからである。一方で、失敗を回避する方法をしっかりと学ぶ人は受かる。なぜか？　1番合格でも、ビリッけ

つ合格でも、合格は合格だからだ。そして、多くの人は失敗要因に足を引っ張られて不合格となっているためだ。この仕組みを理解しよう。だから勘違いを指摘されたら、(ヤッタ！　うれしい！)が正解の反応。ところで、受験生によくある勘違いリストとその答えを一覧化しておいたので、こちらのＱＲコードを読み込んで把握しておこう。

【あなたが慶應に落ちる勘違いチェックリスト】

※ＱＲコードを読み込むことで、慶應受験生によくある勘違い一覧のページに飛ぶ。

自分が有していた勘違いを発見したら、テキストを読み、理解できない場合は動画を見よう。

慶應に落ちるのは、判断ミスが１００％なのだから、このページのリストには千金の価値がある。

合格する人は、合格する方法で受かるのではなく、**失敗を避けることで受かる**のだ。

新しい情報や新しい時代に価値があると考えている人がいる。これも勘違いだ。現実には、最先端と多くの人が思っている内容は、時代遅れの内容を多く含む。正確には、実現していないテクノロジーもある。また、流行している考え方は、単に今流行っているだけ。流行と正しさは一致しない。スマートフォンで情報を検索しても、がらくたのような情報がたくさん出てくる時代となってしまった。それらの情報を見極めることは、非実力者にはできない。だから間違う人が増えてしまった。日本の常識は世界の非常識だったりする。多くの人は多数派が正しいと思っていたりする。しかし多数派は地域性によっても異なる。周囲の人がなんらかの行動をとると、それが正しいように錯覚してしまうことがある。集団同調性バイアスという言葉がある。現実には二つの選択肢がある場合、確率的には等しく存在していても、それらの選択肢のよしあしが分からなくなる。今の時代は、昔の良かったものがどんどんなくなっている時代でもある。精神性が荒廃するにつれて、推論を的確にできる人が減少しつつある。推論と精神は大きく関係している。推論ができないということは理解ができないということでもある。私たちはこの世界を推論によって理解しているからだ。

精神的かつ肉体的に頑張りたくないだけ……が身の破滅につながる仕組みに早めに気付く

精神的な堕落というのは、目先の欲求の充足につながっている。目先の自分の欲求を簡単に満たすことができる一方で、怠惰だと成果も出にくいので長期的に苦しむことになる。

図にすると次のような仕組みがある。

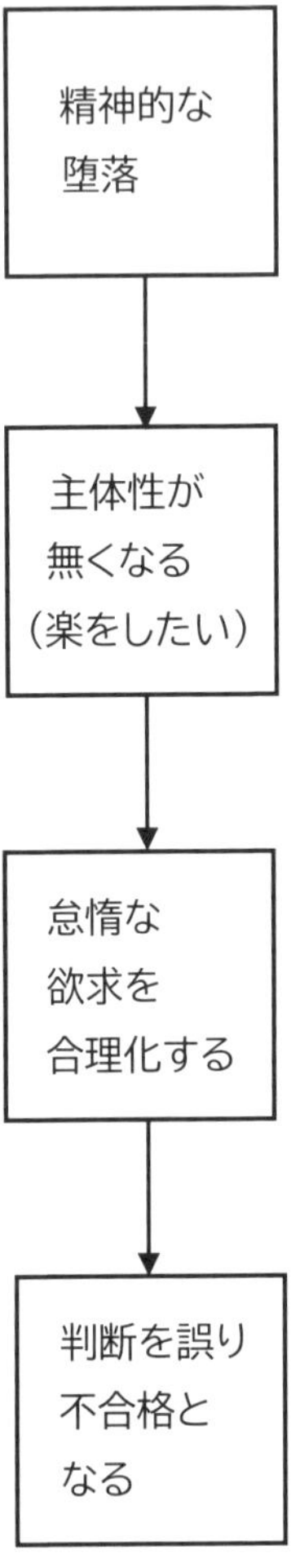

「選択的無知」という言葉（研究報告）がある。無知は罪なのだ。なぜならば、自分が知ろうとしないから。自分が知ろうとしないのは、自分の心の欲求がそうしたいから。例えば、人種差

別をする人物がいる。差別に関する適切な知識を得ようとはしない。なぜならば、知ってしまうと自分の欲求を満たせなくなるからだ。もっと見下したい。自分が上だと陶酔したい。そういう気持ちが人を見下す原動力となり、何が妥当なのかについて、盲目的にさせる。そうやって人は合理的な知性を持ちながら、自分の心に隷属する仕組みがある。本書で紹介しているように精神面が弱くなる背景には時代性がある。では仕方がないと考えず、対処していくことが大切だ。

「話し方」と「メール内容」で合格するかどうか分かるとは？

合格するかどうかは、数分話すと大体分かる。その理由は、その人の精神性や認識が文章（総合型選抜や小論文）に、にじみ出るからだ。

このようなことが大事ではないと考えている人はだいたい勉強法、受験法、小論文の勉強などについて不要なことを山ほどやり落ちるというのがパターンだ。

不合格になる人の共通点は、見積もり不足である。つまり、なめている人が落ちる。学習量、精神的な契約、先生などお世話になる人との人間関係、計画性、試験に対する意識など、総合的になめている人が落ちている。

ノウハウの問題は、精神性の次に大事な問題だ。ノウハウがどんなによくても、精神的に堕落すると、何も入らなくなり自滅する。このような認識は、保護者側も無関係ではない。無礼な態度を取る保護者は自分の子供を甘やかした上で、お世話になる人を攻撃したりする。こうなると受かるものも受からなくなる。

自分の信じる認識（まぁだいたいこの程度にやりゃちょろいし、受かるし、簡単にいけるし、適当に努力せずに楽してなんとかなるさ、楽勝楽勝）という認識に合致した内容なら納得、そうではないなら共感できないということが多い。なめていた時は、反省として（恥ずかしい！）と思うことが一番の薬となる。その上で、精神的に契約する（努力をいとわないと心に決めて、指導を謙虚にあおぐように、価値観も含めて人生すべてを学び取るように学ぶと心に決める）。ここまでができるとあとは早い。なぜならば、指導を理解できようと理解できまいと（基本的に指導は理解できることはない。浅く理解しているので、なんとかついていけばそれでいい。）ぐんぐん成長するからだ。

広告費で買った？「成功プロセス」と「結果論（個人の感想）」を信用しても、同じ成果が出ない理由とは？

塾の広告を見る→合格体験を読む→それで受かったんだと信じる→同じことをす

る→不合格となる。

なぜこんな風になるのか。そもそも、センスがある人が受かっているからだ。才能（向いている程度の意味で本書では書いている）がなくても受かる小論文の書き方という理論を信じるのは自由だ。問題は、昔からどの塾や予備校も口をそろえて言う「才能やセンスは不要なやり方」というのが真実なのかどうかである。広告を突っ込めば、合格体験記は誰がやっても集まる。あなたがやっても集まる。何を教えても合格するんだからね。つまり、才能がある人や運がいい人は合格する。この話は予備校や塾の業界に限定されない。つまり、どのような分野であっても、「成功プロセス」と「結果論」のオンパレードなの。この青汁を飲んだら、ガンが治りましたとか、難病がこの「サプリメント○○の力で治ったの」なんて……ほんとかよと思うような広告が昔からあるでしょう？　あれって何十年も前からあるのよ。ポイントは、合格者はなぜ自分が合格したのか理解していないことが多いし、不合格者もなぜ自分が不合格となったのか、理解しないことが多いということ。つまりね、要因が不明瞭なの。だから、サプリメントは関係がなくても、その時にサプリメント飲んだからこれが良かった！　と感想を話す。同じなんだ。

小論文の書き方を見ていても、最近の受験生は、「背景」を書き込みすぎていたり、原因を書きまくったりしていて、混乱というよりも、錯乱状態にあることが少なくない。おそらく、論文ってそもそも何なのかを全く理解していないというか……関連書籍も読んだことがないんだろうね。

それで、合格体験記とセットで売り込まれた何らかの**「我流フォーマット（オレ流）」**みたいなのが、オンラインにたくさん転がっているんだけど、これを読んで、それを真似してみようかな……とか思い始める。

論文ってアウトラインが命だから、こういうことをやると、致命傷なんだけど、資本主義の世の中って、お金で「勘違いの思想」が形成されていく仕組みがあるのよ。だからお金が回るところで不幸な勘違いが拡散する。

資本主義とはお金主義であり、商売主義なのよ。

そして、ハーバードのマイケル・サンデル教授が述べるように、公教育や、政治など、福祉や公共性が重要な領域にまでこのお金の論理で毒されてきているの。その背景にあるのは、自己責任なの。つまり、商業メディアであるインターネットの商業メディアである有名オンラインプラットフォーム（Google・YouTube）で判断を誤っても、あなたが悪いんでしょとなる。我流（オレ流）を信じたのも学識がなかったんでしょとなる。また、努力が少なかったんでしょ……と言われる。

そういう恐ろしい世界に住んでいるんだという自覚性が、根本的に大事なんだ。だから自己防衛のために、しっかり本を読んで勉強すべきなの。

勘違い・精神的コミットなしによる「受かりやすい慶應」に

一般入試の枠が減少したものの、慶應は受かりやすくなった。倍率の低下、受験生のレベルダウン、勘違いによる大量失点、精神的コミットメントなしのゆるい競争環境などにより、慶應受験生のレベルが劇的に低下しつつある。

このような状況なので、しっかりと対策していけば、誰でも受かるような大学となりつつある。まじめにコツコツ間違ったことをせず、努力すれば誰でも慶應大学に合格できる時代となったと言えるだろう。

慶應に惜しくも不合格となったとしても、きちんと対策しておけば早稲田には受かる。少なくとも慶應に受かる程度の実力をつけておけばその他の難関大学は受かる。国語が半分も取れなくても、受かったという話もある。

慶應は小論文で決まるのに、自爆が全体の9割

既に紹介したように筑波大学の名誉教授が、市販の小論文の書籍の9割がダメと述べた。この

言はまったく正しい。ネットの情報は9割ダメと言い換えてもいい。そのため、慶應受験生も小論文の力をどうやってつけるかな？　という状態にない。つまり、どういうことかと言えば、力をつけるもなにもそれ以前に、勝手におかしな書き方**（減点となる書き方）をオンラインで学んで自爆している人が9割**と言うイメージなのだ。そのため、実質的に、自爆（俺流小論文の書き方などを参考にすること）しないだけで、かなりスカ勝ちの可能性は上がる。この意味で、本書で紹介した**『スマホから離れる（スマホの電源を切る）』、『勘違いリスト』などは値千金である**。無論遊びのひまつぶしアプリゲームをするならスマホを用いてもいい。人生をかけた勝負はネット情報を参考にすべきではない。オンライン情報の本質的な弱さとは、商業メディアの宿命のような**情報の浅さ**なのである。粒間としての情報の完結性のなさ、そとゆきの体裁をした毒にも薬にもならない言説、無知、学習放棄による学識のなさ、おこづかい稼ぎのブログ運営、塾から頼まれて無理に書いた合格体験記、問題解決が不得意な人による勘違い、断片的すぎる情報、単にそれっぽさを演出しただけの内容、間違った（あるいは不適切な）学術引用、漠然としてあいまい、戦略性のなさ、論理思考できない人物による意味づけ、モラルなき商業情報などが、該当する。従って「書籍」の方が圧倒的に優れている。

人気芸人のカズレーザーさんが「スマホを捨てろ」と言ってみたり、元グーグルの社員が「スマホを見るな・アプリをアンインストールせよ」と言い始めたのは、偶然ではない。**あなた勉**

強せずにスマホばかり見てるでしょ？

大衆化・衆愚化は、メディアの宿命のようなものだ。ＴＶはバラエティー一色。ネタ番組はかつて1分化した。この流れをトレースしているのがネット。より手軽、より分かりやすい、より簡単、より得なコンテンツへシフトしている。その先に本質がないの。書店に行けば、楽をしたい受験生向けの参考書があふれている。ダイエット1万種類と同じ。甘い期待に漬け込む人は常にいる。私が本書に書いた東京の巨大出版社勤務の編集者との話を本書で紹介した。（楽をもっとしたい・なめていいんだろ？・精神性など関係ないのさ）という考えが「実質的な価値」（あまりにも先入観は根強いので、ここでは割愛）を失わせていることがある。

無論すべての情報がダメなのではない。問題は、大学や試験、出版社などによるスクリーニング機能がなくなったせいで、実質的に消費者が情報を拾えなくなったことだ。みんなどれがいいのか判断ができない。

それではどうすればいいのか。**本書で紹介するアプローチで、減点を防ぎ、自爆しないための基礎固めが完成する。**要は防御的な書き方、考え方ができる。言い方を変えると、安定的に慶應に合格するための素地ができるということである。

小論文試験で実力をつける3つのアプローチ

基礎固めはどうすればいいのか分かった。それでは、小論文の実力を強化するにはどのようなアプローチ案があるのか。3つある。

▼①研究力を強化するというアプローチ

▼②PSAを強化するというアプローチ

↓例えば、要素分解、グルーピング、本質的問題点の定義など。

▼③思考の発露を強化するアプローチ（興味・面白さ）

慶應の小論文は研究力があれば解きやすい。そもそも論文は研究報告のツールである。従って研究力のレベルで論文のレベルは決まる。小論文も概ね変わらない。それにも関わらず、何も知らない、分からない、書けない、状態で、知っている、分かっている、書けていると思い込む受験生が多い。

2つめは、PSAを強化するアプローチである。PSAとは、プロブレム・ソルビング・アプローチの頭文字である。特に慶應SFCの小論文は、PSAで魔法のように解けると言ってよい。

問題解決を志向する学部なので問題解決に関する問題が出る。ＰＳＡができれば、出題意図も手に取るように分かる。

３つめは、思考の発露を強化するアプローチである。思考の発露とは私牛山が作った言葉である。主に、評価される着想を生むための頭の働き、関心の働かせ方、そのための土壌などを指す。論文は面白いことを書けば受かる。面白いとは興味深いということである。この意味で思考の発露とは、レベルの高い洞察を生む土壌、関心のあり方、その方向性などと考えてもよい。これら３つは**とにかく点数が上がる。**

第4章

合格スケジュールと科目別使用参考書

慶應合格のために必要な参考書と問題集はこれだ

慶應大学に合格する参考書はどれなのか。本書で紹介する問題集を使用しよう。また、本書で紹介する問題集以外は、原則として考えなくてもいい。本書でオススメするものをこなした後に、他の参考書や問題集を考えよう。

ポイント1：何が出るかを起点としてもあまり意味がない

よく予備校などでオススメされる問題集・参考書ルートなどについて、この学部はこれがお勧め……などと言われることがある。たいていいい加減にオススメされており、根拠がない。多くのケースで根拠は、出ているからというものだ。しかし、合否が決まるのは、覚えている量であり、基本的には有名どころの問題集からは、出題されている。従って、それらのお勧めに合格力はない。

ポイント2：捨て問の見極めができていない人は泥沼地獄に陥る

いくら勉強しても、点数が上がらない領域がある。そういう領域について、時間をいくら突っ込んでも時間の無駄だ。

慶應ＳＦＣ受験生は必ず『慶應ＳＦＣ小論文対策4つの秘訣合格法』を読む

慶應ＳＦＣを受験する際に、最初にやるべきことは、拙著『慶應ＳＦＣ小論文対策4つの秘訣合格法』（エール出版社）を読むことである。なぜか。第一の理由は、この書籍が本当の意味で、慶應ＳＦＣ合格に必要な内容が持ち込まれた唯一的な書籍だからだ。

慶應ＳＦＣにラッキーで合格した人のアドバイスと、慶應ＳＦＣに一発で総合・環境に合格した人のアドバイスでは意味が全く異なる。

▼小論文試験で高い点数を取ることができる人の指導が大切。
▼慶應ＳＦＣに安定して簡単に合格している講師の授業・添削が大切。
▼問題解決力がある人が合格方法を作成していることが大切。
▼研究力が高い人が解答例・解説を作り、対策を指南していることが大切。
▼慶應ＳＦＣにダブル合格させている人がアドバイスすることが大切。

このような要件を満たす本は、ここで紹介した書籍以外にないのではないか。そのため、最初に『慶應ＳＦＣ小論文対策４つの秘訣合格法』（エール出版社）を読まなければならないと私は思う。

３つの宿題の精度をどこまで高めることができるかで、合否は７割決まってくる（高品質答案を作る）

「３つの宿題」とは、慶應ＳＦＣの小論文試験で「よく出題される３分野」に関する調べものだと思ってほしい。拙著『慶應ＳＦＣ小論文対策４つの秘訣合格法』（エール出版社）に詳しく書いた。過去約30年間慶應ＳＦＣでは、この３分野がほとんど毎年のように出題されている（書籍に一覧表も記載した）。そのため、あらかじめ用意しておくことを私はお勧めしている。

エネルギーと、コーチへの信頼感がない人は、この３つの宿題を適当にやってしまう。要は、コーチとやり取りをして、自分のこれらの３つの宿題に対する解答例としての論作文の点数を上げれば大体合格ということなのだ（細かく言えば例外はあるし、１００％合格が保証されるというわけではない）。最初は誰でも30点くらいしか、点数を取れない。その書類を塾に提出して添削してもらい、指導を受ける。その上で、およそ80点くらいの点数になるまでそれを続けることが大切だ。

多少大変な作業だが、やる意味はある。この程度の作業で慶應に受かるなら、おいしいといえる。また、過去30年でほとんどこの3分野しか出ていないのに、（小論文の練習が必要）などと考えて過去問題を練習しはじめるのは、非効率的である。練習が好きならいくらでも趣味の時間に練習すればいいが、点数が低い小論文を量産したところで、合格率は上がらない。レベルを上げていかなければならない。

あなたの小論文のレベルを上げるスケジュールと方法

小論文のレベルを引き上げるポイントは、ズバリ**「指導者のレベルとモラル」**である。

その理由は、第一に、インプットレベルであなたのレベルは決まること。インプットレベルは、指導者の有する知識・学識・問題解決レベルで決まってしまう。**指導者のレベルが高ければ高いほど、伸び幅も大きい。**

第二に、練習そのものに実力アップの効果はないからだ。1＋1＝？というドリルをやっているわけではない。正解が明確に規定できるケースでは、できない問題とできる問題を分けることができる。ところが小論文の場合、指導者のレベルが低いなら、**指導者もできていないので、伸びる分野（①学識、②技術、③問題解決学、④知性的指導）ができるようにならない**。つまり、ここで紹介した①②③④がダメな人に教えてもらっても実質的に①②③④がなくても才能で自分が受かったのだから、君もそうしなさい。（才能ないなら不合格なんだけどね）となる。従って練習効果は低くなる。むしろ、マイナスとなることも多々ある。ダメな練習目標、ダメな構文、ダメな構成で指導されると、練習によりその方向性で書く癖が固定する。従ってますます受からなくなる。この意味で、低品質の指導、個別指導は最悪である。いい加減に書かせて、いい加減にコメントをするようなことをいくらやっても、ほとんど効果はない。第三の理由は、指導者にモラルがないと、真剣に教えない、労力をあなたに使わない、受かることよりも利益を優先してしまうということになるからだ。サポート体制完全発注塾（バイトでまわす会社）はこのような傾向があるように私には見える。

小論文の成績を引き上げるには、この意味で、以下の対策が重要だと私はアドバイスしたい。なるべく早く牛山が書いた小論文の書籍を通読する。①『小論文の教科書』②『合格する小論文技術習得講義』③『慶應小論文合格バイブル』④『論証モデルと論理式を用いた高得点小論文解法集』の４冊である。

なぜこの対策がもっとも重要なのか。（きちんと自分が取得した点数を公開しているという意味で）高い点数を取る小論文講師が書いた本は他にない（あったら教えてほしい）。私は、国立長崎大学（ノーベル賞受賞者輩出大学であり、日本に10校ほどしかない）博士後期課程の入試において、2時間で約6000文字書く試験で、完答した上で85％の点数を取得している。小論文試験に100点はない。つまりマックス9割くらいの試験である。なお、パソコンならその3倍のスピードで書くことができることは言うまでもない（タイピングの方が速い）。また、学部入試とは難しさが比較にならないことも言うまでもない。慶應大学も、一発で総合・環境の両学部に合格している。他は受けていない。このように、現実に点数を取ることができる講師が教えている。（写真は牛山の点数）

（別紙様式第２）

長崎大学大学院経済学研究科入学試験個人成績開示通知書

平成３０年　　２月　２６日

牛山　素範　殿

長崎大学大学院経済学研究科長
岡　田　裕　正

平成３０年　２月２１日に受理しました本研究科における入学試験個人成績の開示申請について、下記のとおり通知します。

記

平成３０年度　第１次募集

試　験　区　分	受　験　科　目　名	得　　　点
博士後期課程（一般社会人）	審査用論文	５０点満点中　４１点
	小論文	１００点満点中　８５点
	面接	５０点満点中　３７点

合格のために必要なスケジュールは、以下の通り。

基本的に本書で紹介する参考書以外は使用しなくてもよい。

塾を活用する場合は、少なくとも1年前くらいから始めて、座学で小論文のオンライン授業などを学び、小論文を書いて提出する。直前からどうしても間に合わせたい場合は、学生の添削を避けて、高いレベルの人に複数回指導してもらう。大学院博士後期課程を経ている人が理想だ。（修士課程までは、論文はかなりなんちゃってが多くなりがち。卒業させない大学などないからである。）

塾を活用しない場合は、先ほど紹介した本を乱読した上で、学校の先生や先輩、家族に小論文を見てもらおう。他の人の視点は必ず必要だ。高校の先生が博士課程まで進んでいたら最高。その先生に提出することを考えよう。始めるのは、同様に、最低でも1年前からがいいだろう。早ければ早いほど受験は有利となる。

傾向と対策論のウソ

傾向と対策と言えば、あたかも正しいことをしているように思えてしまう。しかし、傾向はあくまでも傾向にすぎない。問題点でもなければ、受からないポイントでもない。単に出ているだけの話である。このように、傾向は役立たない。100メートル走で勝負することが分かっていても遅い人は勝てないのと同じだ。数学のように暗記分野を特定できる場合有効だが、そうではない場合は、あまり役立たない。対策についても同様だ。慶應の小論文は政治のお題が出るので、「政治経済の教科書を読め」などというのが典型である。読んでも点数にはならない。対策案が問題点とずれているので、効果がないのである。

※教科書がダメなのであり、政治経済の書籍はＯＫ。

慶應に受かる英語勉強法（お勧め参考書）

誰でも慶應に受かるレベルまで成績を引き上げる方法を紹介する。

※本書の通りにやれば、問題ないが可能な限り拙著『誰でも合格点を再現できる慶應に合格する英語勉強法』（幻冬舎）を読むこと。

〈**文法**〉

英語が苦手な場合、『ゼロからスタート英文法』（Ｊリサーチ出版）を読む。この参考書は、講義型参考書なので、分からない英文の解説だけを読む。最初のページから読んでいき読めない英文・自信がない英文にだけ線を引く。その後、線を引いた英文の解説だけを読む。これで高校3年生までの英文法は一通り身につく。
勉強を進めていく中で、この他の文法事項が気になった場合、『ロイヤル英文法』などで調べて、ノートに大きく書き出す。『ロイヤル英文法』（旺文社）がなければオンラインで調べてもいい。

〈構文〉

最低限文法の知識を身につけた後は、「基本作り」に進むか、構文を学ぶ。
『解体英語構文』（Z会）をバラし、覚えているものと覚えていないものに分類する。その後、覚えていないものだけを覚え込む。

〈基本作り〉

『DUO 3.0』（アイシーピー）を覚える。ここで覚え方が重要だ。参考書を読み、『DUO 3.0の復習用CD』を聞く。その上で、CDを聞いて、参考書の英文を見ずに、英語を理解できるようにする。リピート再生で、約50回程度聞いて、次のページに進む。このやり方は非常に重要であり、勘違いがあると効果がなくなるので、『誰でも合格点を再現できる慶應に合格する英語勉強法』（幻冬舎）で詳しく把握してほしい。このようなやり方をしない場合、ややしんどいが、50回音読してもよい。注意点は、理解できない英文を聞かないこと、理解できない英文を音読しないことだ。理解しながらリスニングしたり、音読することが重要である。

次に『速読速聴英単語　Core1900』（Z会）をやる。やり方はDUOと同じである。最初に英文を読み、（うろ覚えでもいいので）読むことができるようになったら、英語のCDを聞く。次に『速読英熟語』（Z会）をやる。やり方は同じである。

SFC志望者はここで『解体英熟語』（Z会）をやる。カードを作り、（切り離し）覚えているものと覚えていないものに分ける。その上で覚えていないものを覚え込む。

〈**読解・英文解釈**〉

『ポレポレ英文読解プロセス50』（代々木ライブラリー）『英文解釈の技術100』（桐原書店）をやる。

〈**口語表現**〉

慶應法学部志望者で口語表現に弱い人は、『ダイアローグ』をやる。時間がある場合は、繰り返しCDを聞く。時間がない場合は口語表現で読めないところに線を引き、その部分だけを繰り返し読む。

〈ボキャビル〉

『システム英単語』（駿台文庫）を覚える。読めないフレーズにだけチェックを入れて。1秒で読めるようにしたら次のページに進む。これを繰り返し、3周させる。

次に『英単語ピーナツほどおいしいものはない』（南雲堂）の銅と銀をやる。やり方は『システム英単語』と同じである。

ここでのポイントは、フレーズで覚えるということである。

※英単語の意味は、基本的に1つだけ覚えるようにする。多義語は、『システム英単語』の多義語コーナーで対応する。

これで慶應大学の英語でおよそ7割の点数を取ることができるようになる（素地ができている）。これで点数を取れない人は、読解力か解答力が不足している。読解力は本書で説明したように、『理解速読』がお勧めなので『速読暗記勉強法』という本を読んでほしい。また、私が運営する塾では、理解速読に関する授業がある。さらに、牛山によるレッスンも希望者は受けることができる。

解答力については、『解答力養成講座』という講座がある。手前ミソだがややオススメである。私が運営する塾の生徒は受けることができる。単品で購入することもできる。解答力とは、正解を選ぶ力のことである。マークシートではひっかけにあって多くの人が点数を落とす。そのため、解答力を強化すると学力に関係なく点数が平均10％は引き上がる。

つまり、多くの人は勉強ばかりして解答力を強化しない。そのため、まんべんなく力をつけることができず、(伸びしろを使用できず）点数が伸び悩む。

このような事情は英語よりも、小論文の方が深刻だ。ほとんどの人はやらなくてもいいことをやっている。またやるべきことをやっていない。

英語は、やり方を間違うとやってもやっても点数が上がらない。ぜひ「英語力」、「解答力」、「読解力」の3点を強化することに気を付けてほしい。

※本書で紹介する参考書すべてに言えることだが合計で問題集は6周させることを考えてほしい。忘れるからだ。2〜3周でいいのは、音声で学習したものである。

慶應に受かる歴史勉強法（お勧め参考書）

【日本史】

〈理解作りの授業〉

日本史の授業を受けていない人、白紙から歴史を勉強する人は、最初に講義型参考書を読む。『ナビゲーター日本史』（山川出版社）を繰り返し3回程度読もう。ここで何も覚える必要はない。よく歴史を勉強する際に理解が必要なので授業が必要という人がいる。実際には、問題を解くことができる程度に理解していればいい。試験対策においては、すべてを理解することはできない。そのため、試験で要求される水準の理解を作ることになる。

〈暗記ツール〉

ここから暗記を開始する。『実力をつける日本史100題』（Z会）を覚える。この問題集を3周した後に『日本史近・現代史』（Z会）を覚える。この問題集も3周させる。その上で、山川出版社の『一問一答』問題集をやる。この問題集が合わないように感じた人は、Z会の『一問一答』をやる。やり方について説明する。できなかった問題にチェックを入れて、繰り返し覚える。

できなかった問題だけをやることがポイントだ。

この一問一答問題集も3周する。

直前の時期の総復習の時期にこれらの問題集を再度3周させる。

このほか、余力がある人は、Z会の論述問題集や資料集をやろう。

本書を執筆する前に、書店で問題集に目を通して内容をチェックした。牛山の視点から良いと判断できるものは、基本的に山川出版社とZ会のものである。参考書マニアの意見は無視してよい。

『日本史実力強化書』（駿台文庫）という参考書がある。例外的にこの参考書は、やってもよい。使う場合、基礎固めとして、『実力をつける100題』の代わりにこの参考書を使用する。赤色のチェックシートを用いて覚える。その時に透けて見えてしまうので、「チェックシートで消すことができるようになるペン」を使用できる場合はこれを使用する。

【世界史】

〈理解作りの授業〉

世界史の授業を受けていない人、白紙から歴史を勉強する人は、最初に講義型参考書を読む。『ナビゲーター世界史』（山川出版社）を繰り返し3回程度読もう。

〈暗記ツール〉

ここから暗記を開始する。『実力をつける世界史100題』（Z会）を覚える。

この問題集を3周した後に『各国別世界史ノート』（山川出版社）を覚える。この問題集も3周させる。その上で、山川出版社の『一問一答』問題集をやる。この問題集が合わないように感じた人は、Z会出版の『一問一答』をやる。やり方について説明する。できなかった問題にチェックを入れて、繰り返し覚える。

できなかった問題だけをやることがポイントだ。

この一問一答問題集も3周する。

直前の時期の総復習の時期にこれらの問題集を再度3周させる。

このほか、余力がある人は、Z会の論述問題集や資料集をやろう。

理数系科目と漢文・古文の勉強法（お勧め参考書）

慶應大学の理系を受験する場合、拙著『難関私大対策の急所』（エール出版社）を読んでほしい。京都大学卒で国立岡山大学医学部に在籍する人物と勉強法の記事を作成している。漢文と古文は慶應の受験科目ではないが、この書籍に勉強法を記載している。早稲田も受験する人は参考にしてほしい。

慶應医学部・東大医学部に受かる勉強法（お勧め参考書）

慶應医学部や東大医学部の小論文対策をしたい場合、本書で紹介した書籍を読んでもいい。ただし、その場合、時間がないのでやりたくないという人もいるだろう。その場合は、「小論文7日間プログラム」という1週間でケリをつけるDVD講座などもある（私が講師を務める）。それでおしまいとしてまうというのも、医学部受験生ならお勧めである（東大・慶應医学部合格実績あり）。

第 5 章

一般入試と同時進行する総合型選抜（旧 AO）入試・FIT 入試の進め方

タイムリミットは1週間と考える

総合型選抜は、1週間で対策せよと言うと、そんなに短時間では無理……と思う人もいるかもしれない。1週間で無理な人は、1カ月でも1年でも無理だと考えた方がいい。

なぜかと言えば、書類作成などをタスクとして見た場合、1週間でやれる量だからだ。このタスクを1週間でこなせない人は、一般入試でも受からない。そして、1週間で無理な人は、書類についてアドバイスをしてもダラダラ投げやりな改善をしてしまう。従って、まずやる気の出し方を学ぶ方がいい（私が運営する慶應進学専門塾『慶應クラス』では、やる気を出す指導もしている）。つまり、エネルギー量で入試は決まっている。エネルギーが少ない人は、すぐにあきめるし、長時間の勉強ができない。また、短期間で一気に作り上げるエネルギーがない人は、1年かけた一般入試の受験に対してもダラダラと過ごしてしまい、成果を出せない。エネルギーがない人は、書類をうまくごまかしても面接で分かる。従ってエネルギーがないなと思われれば、総合型やＦＩＴで受からない。そういうわけで、結局タイムリミットは1週間と考えるのが妥当となる。1カ月前に1週間でやりきると考えてスタートすれば、多少計画がずれ込んでも締め切りまでに間に合うだろう。

頑張った人がいらないからこその総合型だと気付こう

頑張った人が欲しいなら、一般入試だけにすればいい。しかし、総合型などを実施して大学は受験生を採用する。このような事情について、佐賀大学の板橋教授は、『青田刈り』と分かりやすく述べている。つまり、ましそうな学生を学力基準でさっさと合格させるのも、もう一つの学力基準というわけだ。

ここで気付かなければならないことは、総合型選抜を頑張るという人はいらないということだ。総合型選抜を頑張るという考えは受験生の側からすれば、まともな考えに思えるかもしれないが、大学側からすれば意味が分かりにくい。私は勉強もスポーツも頑張っていなかったけど、総合型を頑張っているので認めてほしいと言われても、一般入試でやるだけの根性がないので、総合型専門塾に通って特に何もせずに受かりたいというように思えてしまうだろう。

アドミッションポリシーに努力の蓄積を評価すると書いているのは、英語ができるやつを合格させる……というような状況のことだと考えよう。

情報処理の試験に合格したやつを合格とする……、英検に合格したやつを合格にする……このような方が、全くわけが分からない人を合格させるより、ましなことをやっているように思える。

従ってあまり大学を批判しない方がよい。

総合型選抜について、学力基準ではない……と考えるのは、この意味でまぁまぁ幻想である。なぜならば、どちらかと言えば、まともそうな人が合格するからだ。その意味で、資質判定試験のようなものとも言える。

無論このような文章を読み、心からそうだと同意する教員はいないだろう。ここに書いているのはあくまでもフタを開けてみての結果論である。

整理しておこう。

▼英語・プログラミング・スポーツを頑張るなら認める。

▼総合型選抜を頑張る……というのは（残念だが）認められない。

スポーツエリートが不合格になるパターン

スポーツで成果を出した人は、自分の実績を書くと受かるように考えている子が多い。印象として、スポーツエリートは、優秀な子が多い。人の話を聞くことができる子が多い。また、潜在的に有しているエネルギー量が多いので、資料もアドバイスをすることで、それなりによくなっていく。それではどこで不合格になるのかと言えば、素直ではない点と、理念の不足である。スポーツで成果を出した子はなまじスポーツで成果を出しているがゆえに自分の判断に自信があることが少なくない。そのため思い込みが激しくなり、教えても入っていかなくなることがある。理念というのは、利他性を伴う志のようなものだ。総合型選抜は、研究力や理念でだいたい成果が決まってしまう。多くの人は書類が良ければ受かると思っているが、現実には共感されて学ぶ力がある人が受かる。謙虚に素直に学んでいくことで受かるのである。

総合型選抜で不合格になる本質的な問題点

図にまとめると、以下のようになっている。

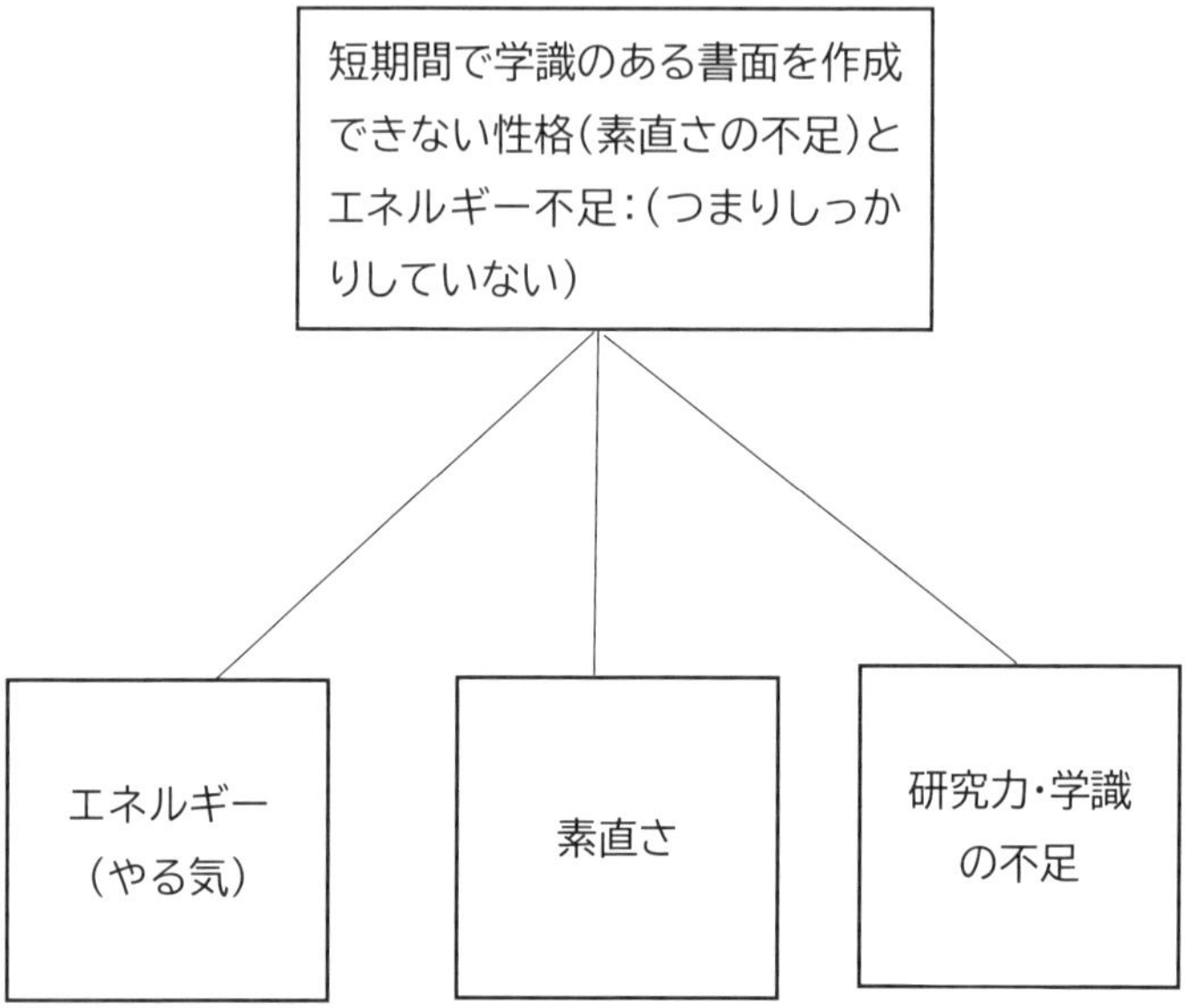
短期間で学識のある書面を作成できない性格（素直さの不足）とエネルギー不足：（つまりしっかりしていない）
エネルギー（やる気）
素直さ
研究力・学識の不足

学ぶ態度ではない子が受かりにくいということになっている。

総合型選抜入試合格に向けて、対策の方向性案

総合型選抜で受からないのは、対策方法が分からないからではない。慶應の総合型選抜対策ができないからでもない。（エネルギー不足を伴う）**要はレベルの不足**だった。それなりの学識的な見地からしっかりした内容のものをきちんと作ることができれば、勝負できる。もちろん、このアドバイスは、研究力を見せつけろというものではない。研究力を直接計測されているわけではない。結果論的に「それなりのレベル感がないもの」を作成しても評価されにくいということである。現状では、大学の評価指標にあわせた（寄せている）書面を作ることに終始した知性軽視の対策が流行っている。例えば「思考力」や「表現力」をどう評価すべきかという問題に大学は直面している。この点について、大学や教員によって回答は分かれる。そういう意味で、ニュアンス入試のようになっている。そのため、いわゆる「よい成果物」や、「良い人物評価」というものはまちまちである(本来的にそういうものなので、別に大学を批判しているわけではない)。加えて総合型選抜はＦＩＴや推薦も含めて、水物なので、どんな人物に何を対策してもらったところで、嫌われたら終わりである。このような問題点を含む現状各大学において手探りの総合型

選抜に対しては、広義の研究力（研究計画書を書くだけなどではない）が大事になる。従って、あくまでも一般入試を中心として、その対策を強化するような総合型選抜入試対策を戦略的に設計するアプローチが「慶應義塾大学絶対合格の戦略軸」として、効果的である。

最初にやるべきは、拙著『総合型選抜（AO入試）・学校推薦型選抜は研究力が9割』（エール出版社）を読むこと

慶應義塾大学の総合型選抜対策を進める上で、大事なことは、まず『総合型選抜（AO入試）学校推薦型選抜は研究力が9割』（エール出版社）を読むことだ。その上で、大事なところに線を引き、何度も線を引いた場所を読もう。なぜこのような対策が重要なのか。第一に研究力で合否は決まるからだ。無論例外はある。この書籍については、書名だけで中身を推測すると単なる勘違いとなる。あくまでも、戦略書なのだ。第二の理由はつぶしが利くことだ。どういうことかと言えば、研究力を強化するように勉強を進めていけば、一般入試で受かりやすくなる（この点については、気付いている人は比較的に少数派かもしれない。研究の力がついてくれば、出題意図も手に取るように分かるようになる）。小論文試験に強くなれば、早稲田の小論文使用枠など

も視野に入るようになるだろう。このように、慶應合格のために、包囲網を固めていき、必ず攻略することが重要だ。ところが、受験に弱い子というのは、だいたい「のるかそるかの一発勝負」となっていることが少なくない。自分に自信があるのでとりあえず受ける、そして不合格となり、（あれ？　おかしいな、そんなわけないのにな）と考えて、また落ちる。何年も落ちて、（なんで落ちたんだろう？）などと思い込む。単に素直でなかっただけなのだ。つまり、ミスの発端は指導者、コーチ、先生の力量を低いと見誤っただけ。自分が大きく見えるから、他人が小さく見えているだけだ。その上で、大学教員から見ても、その子の小論文が評価できなかったという状況が生まれているだけなのだ。私は大丈夫と考えないようにしよう。誰でもこのような罠に陥る可能性がある。謙虚な方がいい。

他の総合型選抜本は読んでも読まなくてもよい。

面接対策は『マンガで学ぶ面接』（エール出版社）を読む

面接対策本で受験生に最もお勧めできるのは拙著『マンガで学ぶ面接』である。文字では分かりにくいイメージでも、漫画であれば学ぶことができる。漫画で面接を学ぶのは、この点で合理的なのだ。

面接の練習は、塾もしくは学校で受けるのがよい。面接の点数も最初は誰でも20～30点程度である。従って、練習しなければ受からないのが普通だ。練習しないのに、最初から面接ができたという人を私は知らない。

面接でも小論文でもやってはダメなことがある。指導を受けた時に、（そんなことない）などと思ってしまうことだ。（自分はもっとやれている）などと考えると本当に落ちる。

練習はやれば受かるわけではない。しかしだからといって、やらないのでは話にならない。面接練習をしても受からないことがあるのだから、きちんと面接練習をやるべきだ。

総合型選抜・FIT合格スケジュール

総合型選抜にかけるとつぶしが利かない。そのため、一般入試での合格を軸として、総合型選抜の用意を締め切り1カ月前から開始する。

それまでにあなたがやっておくべきことは、質が高いコーチを探しておくことだ。総合型専門の塾は使用しないでいいだろう。仮に使用するとしても、大学生がサポートする塾はやめておきたい。経済的にも負担が大きい人が多いだろう。受験費用として、３００万円以上かけるのは余裕という場合は、総合型選抜の塾も視野に入れてよい。その上で、博士課程を経た人をコーチにつけることをお勧めする。小論文の指導を兼ねるためである。

実を言えば、総合型選抜も、FIT入試も、問題解決と、研究・論文が得意な人が受かりやすい。私が教えた子は、慶應FIT入試の論作文課題を私に相談し、合格。私が研究的なアドバイスをしていた。かけた時間は2週間程度である。このようにド短期でも、ある程度の研究力があると受かってしまう。受験生は、小論文は小論文と考えてみたり、学部ごとに違いがあると思い込んでいることが多い。しかし、現実はここに書いたように、レベルが問題なのであって学部が問題なのではない。

一般的に、受験生は極めて低いレベルの文章（ここでは論文のこと）を提出するから落ちているだけなのだ。

【やること・スケジュール】

▼1カ月前：総合型選抜・FIT対策・推薦対策スタート。

▼スタートから1週間：書類を仕上げてしまう。

※この間に塾のコーチ・指導者と密に連絡をメールで取り、文章を改善していく。場合によっては、どのように、何を書けばよいのかについての授業を受講する。

▼スタートから2週間：すべての資料が仕上がっていない場合はこのあたりでケリをつける。

▼一次通過の連絡後：もう受かったなどと考えず、全時間を面接練習に突っ込むように軌道修正。面接ＯＫの連絡をもらったらすべての参考書を段ボールなどに入れて、面接の練習だけを朝から晩まで毎日やりまくる（ここでコーチがつきあってくれない場合はアウトとなりやすい）。

全員同じ志望理由書になる仕組み（それでは受からない？）

受験生の志望理由書を見ると、みんな最初の一行目に、「私は●●を目指している。そのため、貴学を強く志望する。」という具合に書いている。どこかのブログで見た内容を真似しているというわけだ。特に理由はない。ところがそのブログを運営する塾では、合格者が通っても増えないということが記事になっていたりする。**塾が儲かる→合格者が（合格率が上がらなくても）出る→受かるような錯覚に陥る→真似する**という循環（場合によっては悪循環）がある。合格者は広告を打つ業者や、詐欺的なうたい文句で学生を集める塾であっても必ず出る。従って合格者を参考にしても意味がない。

専門の看板だけを信じるな（専門性より高品質指導が重要）

「南山大学の対策はできますか」と聞かれることもある。できるに決まっているわけだが、上智の対策は？　など気にする人はどこまでも気にする。つまり、大学や学部の特殊性を把握できないので判断を丸投げにしたいわけだが、こういう人が、●●大学専門、●●大学に合格者が多い、●●大学の対策ができるといううたい文句に弱い。看板はあなたでもあげることができるのだから冷静に判断しよう。指導者のレベルが合否に影響する。レベルが高ければ、私の教え子が東大・東大医学部・京大・慶應大学院に合格するように、どこでも合格する。しかし反対に指導レベルが低ければ慶應にも受からない。（看板だけ）簡単な話が、高いレベルで対策をして他の大学に流せばいい（併願する）。そうすれば最悪でも関関同立・マーチに合格する。

総合型は受かるがあまり期待せず全体に位置付ける

総合型選抜は、本書で述べたように、「質が高い対策」をすることで受かる。『総合型選抜（AO入試）学校推薦型選抜は研究力が9割』をしっかり読み、感覚をつかもう。レベルが低い人に相談してしまうと、専門性があろうと資格があろうと、しっかりした対策はできない。また、総合型は本書で述べたように、期待しないことが大切だ。総合型で落ちて落ち込む気持ちは分かるが、最初から期待してはいけない。極端な話、顔が気に入らないから不合格ということだって、人間だからないとは言えないのだ。感覚的にこの人とは合う、合わないということが人間にはある。無論大学教員は、合わないので不合格などとは口が裂けても言わない。そのようなことは、大学において、また、大学院において日常的に起こることなのだが、あまり表に出てこない情報でもある。誰も得しないからだ。また、ばらす意味もない。まして、**総合型選抜で利益を出し広告を打つような企業は普通総合型選抜やFIT・推薦入試は水モノ入試であるとばらさない**。この意味で総合型選抜はあなたが英検1級を持っていたり、華々しいダウンロード数200万のアプリ開発者などでないなら、オマケ入試となってしまうことを覚えておこう。そこでガックリしても仕方がない。むしろマイナスだ。そのため、本書で紹介した絶対合格の指針の中に位置づけ、一般入試のネタ開発程度に考えて対策するのがお勧めである。私もこのやり方で全国学術ランキング3位（工学で2位・世界約10位あたり）の東工大に合格している。

「3分間プレゼン動画」は、拙著『AO入試プレゼンテーション対策と合格法』を読む

3分間のプレゼンでは、プレゼン能力も試されている。

私は東工大の入試でも、プレゼンを行った。つまり、プレゼンで合格経験がある。この書籍は、MBAホルダーが書いた数少ない入試用プレゼン本だ。

総合型選抜を受験する人は、SFC対策として書かれたこの書籍を読んでおこう。

第 6 章

独学と塾活用のポイント

受験は原則として独学が良い

たくさん授業を受けても点数は上がらない。その理由は頭に残らないこと。漫然と説明を受けている場合、理解の助けにはなるが、記憶に残らない。試験は覚えてナンボ。そのため、授業を聞かない人の方が点数が伸びるという法則性がある。最近ではこの法則性に気付いた塾が「授業をしないこと」を売りとして、サービスを展開している。

従って、英語と歴史については原則授業は不要である。

例外的に数学は、問題集の解説を読んでも理解できない場合、塾や個別指導が効果的だ。

小論文は授業が必要・英語の読解と解答力も授業が効果的

授業は効果がないので受けたくない……というように、授業に意味がないのは全科目同じだと勘違いしている子がいる。授業で伸びるのは、現代文と小論文だ。これらの科目は、授業で成績が伸びる。今現在小論文試験で8割くらい点数が取れるなら、授業は受けなくてもいい。しかし、そんな子は、1000人に一人もいないくらいだ。今できないのだから、絶対的に授業が必要なのである。

授業を受ける費用を捻出するのが難しい人は、私が書いた小論文の書籍を読もう。①『小論文の教科書』（エール出版社・牛山　恭範著）、②『慶應小論文合格BIBLE』（エール出版社・牛山　恭範著）、③『牛山慶應小論文7ステップ対策』（エール出版社・牛山　恭範著）、④『合格する小論文技術習得講義』（エール出版社・牛山　恭範著）を読もう。その上で、オンラインの慶應クラスのウェブサイトにアクセスして、無料公開している慶應小論文過去問題解説を見ていこう。

合格のために受けてはダメな授業がある？

合格のために受けてはダメな授業がある。その授業とは、ズバリ点数を取ることができない講師による小論文指導だ。あなたは、慶應大学に合格しているなら、小論文の力があると思うかもしれない。実は慶應合格レベルというのは、非常に低いレベルと言わざるを得ない。ましてや、一つの学部にかろうじて合格している場合、ラッキーの可能性が比較的に高いと思われる。

それでも、一応合格しているのだからと思うかもしれない。仮に害があまりないなら、私もこのように書かない。ところが、あまり合格に有益ではないものがオンラインの情報には多い。

例えば、小論文と言えば、具体例を書くもの……と考えているケース、メリットとデメリットを書くもの……と考えているケース、社会背景をズルズル書くのが小論文だ……と考えているケース、聞かれてもいないのに、原因を書き始めるケース、問題解決が問われているのに、反論に対する再反論を書き始めるケースなどは、点数が下がりがちな書き方の典型である。

まとめておこう。

【要注意の点数が下がりがちな小論文の書き方】

▼具体例を書くという思い込み

▼社会背景をズルズル書くのが小論文だ……と考えているケース

▼聞かれてもいないのに、原因を書き始めるケース

▼問題解決が問われているのに、反論に対する再反論を書き始めるケース

このような小論文は、点数が下がりやすい。その理由は、書ききれないくらいあるが、これらのことが目的化するからだ。理由を含めて詳しく説明しても、これらの点については、「洗脳」されているがごとく、そんなわけがない……などと思いがちなので、本書では割愛する。詳しくは私が発行するメールマガジン（ＬＩＮＥやメールで情報を受け取るシステムのこと）で動画解説する。知らずに不合格になる前に登録して勉強しよう。

小論文は自習でいけるという勘違いが増えただけと言ってしまおう（高い研究力による指導の重要性）

正直に言えば、慶應大学は塾で受かりやすい大学だ。そりゃそうだろう。小論文試験があるからだ。大学という機関は、原理的に考えて、研究指導機関だ。つまり、大学の学士過程で学ばせて一応出すということもできるが、大学院修士・博士とあり、そこで研究者を養成するという使命がある。学士過程というのは、その簡易バージョンなんだ。つまり、海外では、アンダーグラデュエイトと呼ばれるように、大学院が大学なんだ。ところが、日本では学部の方がメインのような風潮があるよね。あれは根本的におかしいのよ。そんなことを言っているから日本からぜんぜんノーベル賞受賞者が出ないんじゃないか？　研究者ですら、学部を意識する人もいるなんてのは、日本の学力構造がおかしくなってる証拠とも言える。ということはね、大学院が大学のメインでしょ？　すると、そこで、学士4年間、修士2年間、博士3年間と、何をやっているのかと言うと、研究できるようにしているの。研究の成果報告が論文なの。だから論文は、研究のおまけなの。研究機関なんだよ。

そして、この研究指導プロセスは、最初は集団授業、後半はゼミ（少人数）・講究などといって、マンツーマン指導体制。そうやって、ある程度手取り足取りいかないと、厳しいところがある。それは事実なんだ。論文の書き方はこうですって教えてもらっても、座学では学びに限界があるでしょ？理解度も人によって違うからね。

だから大事なことは、論文というのは、研究力に指導力が比例するの。

研究する力がある人が、論文を指導する力がある。研究をする力がある人が、論文を書くことができるからだよ。そうすると、慶應大学というのは、研究力がある人が指導することで受かりやすい大学ということになる。

でもね。近年いい加減な情報がネットに氾濫するようになったでしょ。それで、どうなったかと言うと、論文指導の情報がコモディティー化したのではなくて、残念ながら、「(言いにくいけど）**点数が下がる**と言えるようなもの」まで大量にブワーっと氾濫してしまったの。それで君たちがスマホで検索すると、情報がよりどりみどりなんだけど、点数が下がるようないい加減な情報が増えたんだよ。

普通に考えてみて。研究できないのに、論文書けないでしょ。小・論文と、「小」がついているから、(俺が教えてもいいかも）という思考回路となり、多くの人が教えている。

例えば、メリットやデメリットを書けと教えたりね。信じている人もいるけどメリットやデメリットを書くのは、そもそも論ではない。

グーグル検索で上位にくるものは、正しいわけではないよ。商業メディアだからだ。つまり、グーグル社は、視聴時間が長いサイトなども上位に持ってくる。グーグル社の利益となるからだ。今後改善されていくはず。

メリット・デメリットが向いているのは、経済学部や環境情報などある程度功利性が理由として評価されやすい学部。ただし、これも絶対ではない。法学部などでやると、不合格になりやすい問題も法学部では多い。

それに採点をしている大学教員は分かるよ。構文で書いたなと。流行っているやつねと思われる。その時どう思うかと言うと、(自分で考えることができないんだな)となりやすい。あるいは、(自分で考えようとしないんだ)と思われる。こう述べたのは、佐賀大学の板橋教授。カンペを見るように、カンニングするように構文使用でマスを埋めて試験を突破しようとしていると思われるんだ。(オレ流的な)構文で突破しようとすることにはこのようなリスクもある。加えて多くの人は、構文使用が致命傷になるケース(受からないということ)もあるということをあまり知らない。だから何かがプラスになるんだろうと安易に考えて、構文を使用する。それで、小論文はノー勉強でもいいというような理論にかけるんだ。その指導の中には、モラルが欠如しているケースがあることは、本書で紹介した。仮に君が慶應の教員なら、自分の頭で考えることが趣旨の慶應義塾大学小論文試験において、構文を使用して、空欄を埋めた子を合格させたいだろうか。なぜきちんと考えることから逃げたんだ？　それでも慶應受験生かって思わないかな？　そして、考えることを放棄して構文にはめて文章作成した子を歴史と伝統がある慶應義塾の学生として迎えるかな？　構文にはめた便法は、その場の思い付きを構文の順番（背景や原因、あるいはメリットやデメリット）通りに書いているだけ。論理思考は必要ない。単なるこじつけ的な思い付き内容の羅列で、「論文を書いた、考察したということにしよう」としていることに、なるべく早く気付こう。また、大学の教員は（当たり前だが）主体的に考えていないことすら見抜けないほど馬鹿じゃない。彼らの多くはトップエリートだ。博士課程を経て大学教員になった人は、論文の実証性に関する要求水準の高さという洗礼（これではダメだという却下）を大学院で受けてきている。だから彼らは全部分かる。一方で大学受験生はこれからそこを学ぶので論文が何か分からない。そのため、（別に何でもいいじゃん。書きやすくなるなら）などと、極めて軽い感覚で論理性や実証性をなめていることが多い。仕方がないよ。まだ経験して学んでいないんだからね。問題はその無知をいいことに好き勝手に理論が提案されていること。そして、信じ込んでしまう学生が多数いることなんだ。受験業界の闇でもあるし、本書を読んだ子の勝機（むちゃくちゃが多いということに気付いた人が受かりやすいこと）でもある。

対策は早ければ早いほどいい

5歳から英会話を習っていた子が、英語が得意になる。

これと同じように、慶應受験の対策は早い方がいい。

経済的な負担がある場合は、仕方がないが、直前だけパパッとやらせるのは、あまりお勧めしない。中学生からでもいいし、高校1年生からでもいい。

その上でどうするかと言えば、さっさと英語の合格力を養成してしまい、小論文をじっくり鍛えるということになる。加えて、総合型選抜対策や、ＦＩＴの対策を進めればよい。

このような慶應合格のトータルサポートをきちんと受けて、まじめに頑張るなら、誰でも慶應大学に合格できると、自信を持って言える。

ただし、例外がある。その例外とは、素直にやるべきことをやらないケースだ。

これをやっていきましょうとアドバイスしたことを、やらないとか、一緒に作り上げた書類を途中で急にちゃぶ台返しのように0から作り直したりすると、まずい。

結局不合格になる根本的な問題は、コーチや先生をなめてしまうということ。

だから親御さんは、「先生の言うことをきちんと聞くんだぞ」と教えるのが一番いい。親の側で不審がると子供も不審がる。その時に不合格になるのは、その子なのだ。

本当に必要な学習管理と個別相談とは何か？

本書で学習管理に意味がないと述べた。私は慶應大学進学対策専門塾を運営している。その塾でやっていることは、「カリキュラムで克服できない個別に発生した障害を取り除くこと」である。つまり、学習管理などせずに、何をどのようにやるべきかについては、オンライン授業を収録して終わりである。それを受講生が見たい時に見ればいいだけだ。そして、その通りに塾生は勉強を進めていく。

しかし、これだけだと、授業を理解できなかった子や、やる気の問題や、併願の問題などで、悩みを抱える子が出てくる。このような子に必要なのは、「ヒアリング」と「レッスン」である。

恋の悩み、やる気が出ない悩み、小論文の解法を理解できない悩み、進捗状況が遅れているという悩み、問題を解けないという悩み、表現力が乏しいという悩み、うまく考えられないという悩み、受かる気がしないという悩み、将来に対する漠然とした不安などの悩み、家族関係・友人関係の悩みなど、受験生は様々な悩みを抱えている。どうしても発生するこれらの悩みについて、聞き取りを行い、問題の把握・分析などを行い、対策案を一緒に考えるというステップが必要だ。

このようなステップは、言ってみれば、コンサルティングの場面である。つまり、基本的に受験指導は、コンサルタントがやるのでなければまずい。同時に、受験指導は、先生、コーチの役割も必要となる。なぜならば、「この小論文の問題を解けません」という受験生に対して、受かる指導・伸びる指導が必要だからだ。その意味で、**教育経験が豊富な実力者、上級者が合格させやすい……となる。**学習管理や学習コンサルがあるかないかで考えるのではなく、上質かどうかを判断しよう。

やる気は強化できる：やる気のコンサルティング指導

やる気の強化は最も難しい。しかし、できないこともない。

やる気を引き出すにはまずやる気の構造や特性を学ぶことが有効だ。

その上で、将来のビジョンを明確に描き、その将来のビジョンを意識づけることが有効である。この意味でやる気が出ない人はやる気の出し方を知らないだけとも言える。やる気を引き出すために潜在意識に合格をすり込む。

そのための方法として、①ビジョンボードの作成（合格ビジョンを写真にして貼り出す。）②アファメーションを唱える。などの対策が効果的だ。こうやっても不合格になることはある。要は魔法ではないので、合理的な帰結として落ちることはある。その場合でも、鮮明に未来を描いていた人はいずれ受かる。

とはいえ、自分で状況を把握して、問題を解決することは難しい。

そこで、このような事情に詳しい人物にサポートをしてもらえば、あなたは長期的にやる気をなくすことなく、強い意欲を長期的に持続しやすくなる。

最初から慶應に合格することは決まっていると思えるかどうかが勝負だ。

記憶力は強化できる：記憶のコンサルティング指導

私は記憶力がいいわけではない。普通だ。しかし、だからこそ、記憶でほとんど決まってしまうという試験をハックする必要があった。そこで、いくらでも記憶できる方法をいくつか考案している。
①本書で紹介した英語を聞くという方法、②半自動的に記憶する方法（拙著『自動記憶勉強法』を読んでほしい）、③速読暗記勉強法（書籍にした）、④記憶術などを駆使した記憶法などである。
記憶については、デリケートな問題でもあるので、魔法のように記憶できるとはあまり考えないでほしい。なぜかといえば、記憶の方法というのは、やりきらないとあまり効果がないからだ。

本書で紹介した英語の攻略法についても、きっちりやらないと、成果は出ない。多くの人は、（参考にしよう）と考えて、方法をつまみ食いする。するとどうなるかというと、我流となる。教えたこととは違うことをする。そしてうまくいかない。

しかし、考え方を変えれば、私は日本唯一に近いと思っているが、記憶に関する専門的なサービスを提供している人物だ。従って、記憶力に自信がない人でも、成果を出すための確実性の高い方法をアドバイスできる。まずは『誰でも合格点を再現できる慶應に合格する英語勉強法』（幻冬舎）をしっかりと読んでほしい。

速読力は強化できる：速読力のコンサルティング指導

速読ができれば本をたくさん読める。本をたくさん読めれば、小論文の点数が上がりやすい。そのため、速読ができれば、慶應に合格しやすくなる。

速読をマスターしたい人は、拙著『速読暗記勉強法』（日本実業出版社）を読んでもいい。

速読は受験に必須というわけではないので、むきになって習得しなくてもいい。

私が運営する塾では、速読の指導もしている。

特によくやるのは、素早く読んで理解する「理解速読」という方法だ。英語を読む時、パラグラフリーディングや、ディスコースマーカーではあまり点数が上がらない。しかし、理解速読ができれば、英単語をあまり知らなくても文意を把握できる。文章の理解力は、一文の理解力だけに依存しているわけではない。構造的に文章を読むことができれば、一文の理解力に関係なく、理解力が向上する。また、理解速読ができれば、一文の理解力も向上する。文章を理解する力が引きあがると、現代文、小論文、英語の点数がすべて上がる。

思考力は強化できる：ＭＢＡによる思考力のコンサルティング指導

小論文試験では、書く内容を評価されると考える人が多い。文章を書くことができないという悩みを抱える人が多い。その結果、文字数を埋めるための手段として、聞かれてもいないのに、背景や原因を書くという構文を使用する人がいる。このような人は落ちやすい。なぜならば、文字を埋める試験ではないからだ。つまり、考える質が高いかどうかを文章でチェックされるのが小論文試験である。小論文試験は、考える試験だ。覚えた知識を書く試験ではない。そのため、

考えた質が高い人が評価される。

考える質が世界で最も高いと考えられているのが、マッキンゼー社などのコンサルティングファームだ。その理由は、これらは世界トップ５００社を経営指導する機関だからだ。マッキン

ゼーには、ハーバードやＭＩＴなどの世界トップスクールの博士号を取得した人物が入社する。このマッキンゼー社の日本法人を立ち上げ、アメリカの社長であった大前研一氏が学長を務める大学で私はＭＢＡを取得した。その大学で指導されている内容を、私は本に書いたり、塾で教えている。

論文力は強化できる

論文の力は強化できる。小論文と言っても、結局は学術論文の簡易版（ずいぶん違う）の性格を持っている。そのため、小論文という科目なのだからなんでもありと思っている人は不合格となりやすい。むしろ、ほとんどどうにもならないくらいに、論文の作法の通りに書いた人が評価される。つまり、評価は絶対的に決まる。論文の作法などどうでもいいと思っている人は、極めて低い知性だと思われてしまいかねないということだ。

論文に関する知識がなければ出題意図も理解できないことが多い。そんなわけで、論文に関する力があれば、慶應大学に受かりやすい。ところが論文の力は一般的に博士後期課程で養成するため、指導できる人が少ない。小論文講師の中で、博士課程まで進学して指導している人は、ほとんどいない。きちんと、論文執筆の力がある人に教えてもらおう。

塾に通うから受かるのではなく、「おけいこ」できる子が受かる

塾に在籍すると自動的に受かると考えている人がいる。もちろんこの考えは間違いだ。おけいこすることで受かる。小論文については、座学で学び、書いて添削してもらい内省するから伸びる。その意味で、きちんと「おけいこ」をしている意識がある人が受かりやすい。

塾を選ぶのではなく「上級講師」と「上級サポーター」を選ぶ

大学を選ぶ場合、大学にはキャリアパスとしてのブランドがある。そのため、どの先生に学ぶとしてもまずは慶應という考え方は間違っていない。しかし、塾は別である。だからあなたが塾を選ぶ時は、最初に「講師」と「サポート役」を選ぶ必要がある。塾はあなたを合格させない。講師とサポーターがあなたにサービスを提供する。従って塾品質とは、講師品質である。講師がダメならダメ。講師が点数を取れないのもまずい。サポーターがダメならダメ。サポーターが点数を取れないならあなたも点数を取れないだろう。慶應合格を基準にしてはならない。慶應大学学部合格のレベルは高いとは言えない。また合格者の内、2学部に合格できないならラッキーの

可能性がある。受験した学部すべてに合格しているなら、学ぶ価値があるかと言えば、あまりない。論文指導は、学部生には難しい。数学には答えがある。従って同級生に学んでよい。下級生に学んでもいい。しかし、技術には答えがない。従って上級者や確固とした上達プログラムが必要である。それが大学でもある。

オンライン通信が最もよい

大学の場合、広大なキャンパスと、大講義室、オシャレな建物や、売店があるので、行くだけでも楽しい。しかし、塾は違う。塾はオンラインが最高だ。理由はいくつかある。理由①倍速再生の授業、理由②見たいところだけ受講できる。理由③自分の時間の都合にあわせられる、④対面レッスンを希望する場合はスカイプなどを使用すればよい、⑤無駄な移動時間が不要、⑥感染の可能性がない、⑦付加価値をつけることができる。

この7番目の付加価値については、当塾の場合、オンライン添削システムというものを開発している。そのシステムを活用すれば、塾生の弱点に関する授業をオンライン上で塾生が受講できる。

第7章

参考になる合格事例

練習では実力向上が難しい？

私の塾の生徒が、他の塾で、おかしな構文を教えられた上で、その塾が運営する**冬期講習に参加して劇的に点数が落ちた。**「慶應の過去問題をずっと練習をしたんです。」と元気に話す子のその文章はガタガタだった。その子は慶應に全落ちした。本当にかわいそうだった。練習練習と言うのは、教えることがないからなんだと気付く必要がある。練習している暇があったら本を読んだ方がマシなんだ。でも信じたんだから仕方がない。信じたきっかけは、無料で話したこと。そこに申し込んだら最後、何度も話をしているうちに、信用する仕組み。人間は何度も話した人を信用する心理メカニズムを有している。

「参考とならない合格体験記の問題」を解決するのは、ベストプラクティス

合格体験記というのは、あなたと同じような状況の人でなければ、あまり参考にならない。そもそも、悪い構文を叩き込まれても受かる人というのは、その意味で、才能が平均以上だということ。

何が言いたいのかと言えば、点数を下げられても受かっている人の合格体験記は有害ですらあるということだ。

この**問題を解決する方法の一つはベストプラクティス**である。ベストプラクティスとは、もっとも優れていると評価される手法のことであり、すべての人が学びとなるポイントがあるケースということになる。本書の冒頭で紹介した事例も同じである。

慶應合格のベストプラクティスを紹介する。

一点だけ断っておく。本書で合格体験記は実質的に買われているのと同じと紹介した。この事情は世界中の塾に当てはまる。必然的に広告を打つ塾はそうなる。ではなぜ本書で紹介するのか。ベストプラクティスは最も優れている方法のことだ。従って、効果効能について、**原理的に効果的**と考えられるものを紹介することに意味がある。例えば、どうやれば慶應に受かるのか？という問いに対して、**「勉強しろ」とか「練習しろ、練習」というのでは、意味がない。**意味がないがかわいそうに信じてしまう人がいる。どんな学校でも、強い学校は、優れたコーチが生徒を育てている。そういうコーチは、優れたノウハウを持っている。つまり、優れたコーチは、誰でも成果を出させることができる。できないと思っているのは、勘違いしている学生の側だけ。つまり、論文を書けない、小論文で点数を取れない、慶應に合格できない人が、論文を書ける、点数が高い、慶應に余裕ぶっちぎりで合格する人をなめてしまうの。

早めの対策が慶應合格を確実なものにする

一般的に慶應受験でも、**直前の時期にバタバタ**して急に勉強し始める人が多い。こういう人は、対策が間に合わずに不合格となることが多い。助けてくださいと言った時にはもう助からないということが少なくない。早めに対策するなんてノウハウじゃない！　というのは昔の話。今の時代の受験生は情報が氾濫し、やる気がないので、なめている。従って今の時代においては早めに対策せよが立派なノウハウとなった。**期待しながらそわそわして、「小論文・勉強・いつから」などと検索している子が落ちる**んだ。早くやるべきだ。

この子は、高校1年生から慶應クラスに在籍して、成績が急上昇した。

合格後にお母さまに連絡を取り、なぜ1年生から塾を始めたのかを聞いたところ、「それくらいの時期に始めるのが適切だと思った」とのことであった。現役合格した。

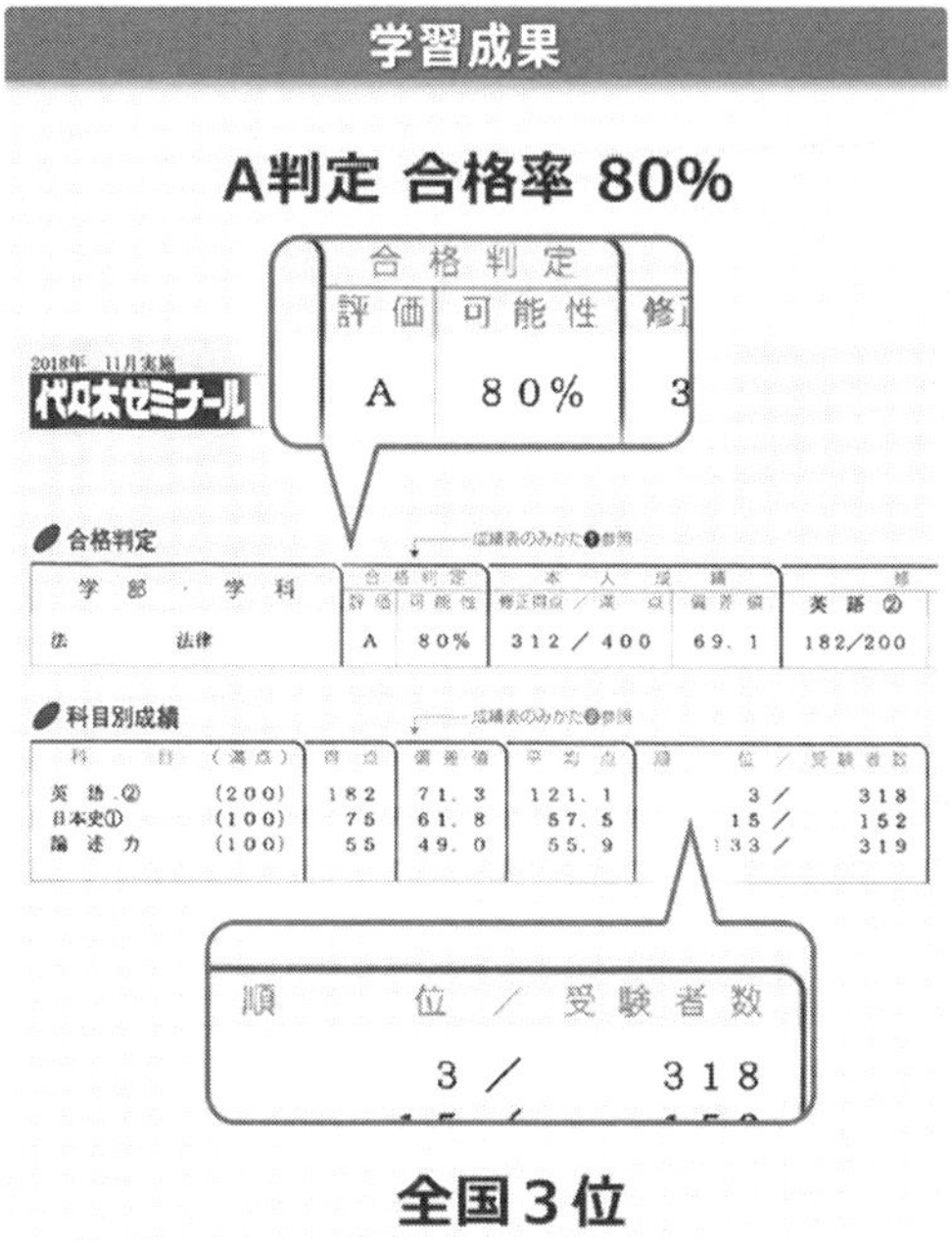

プライドを乗り越え、自分の心と向き合い合格

慶應受験生の多くは、プライドの高さで自滅する。要は自分の判断が正しいとしか思えず、結

局我流となり不合格となる。偏差値が70ある子でも同様である。次に紹介するのは、とびきりプライドが高いにもかかわらず、素直さが大切ということを知り、自分と向き合った子である。この子は、それ以降小論文の成績が大きく上昇。慶應経済に合格した。この子と同じ予備校に通う子は、当塾で学んだが同じような偏差値でありながら、早慶に全落ちした。なぜ全く同じような成績の同じ地域の子、同じ地元の予備校に通う子の未来はこのように二つに分かれたのか。その差は、素直さにある。本書で紹介する漫画はギャグで掲載しているのではなく、万能感に犯され、慢心で正常な判断を下すことができない人は多いという意味で慶應受験生の典型例である。

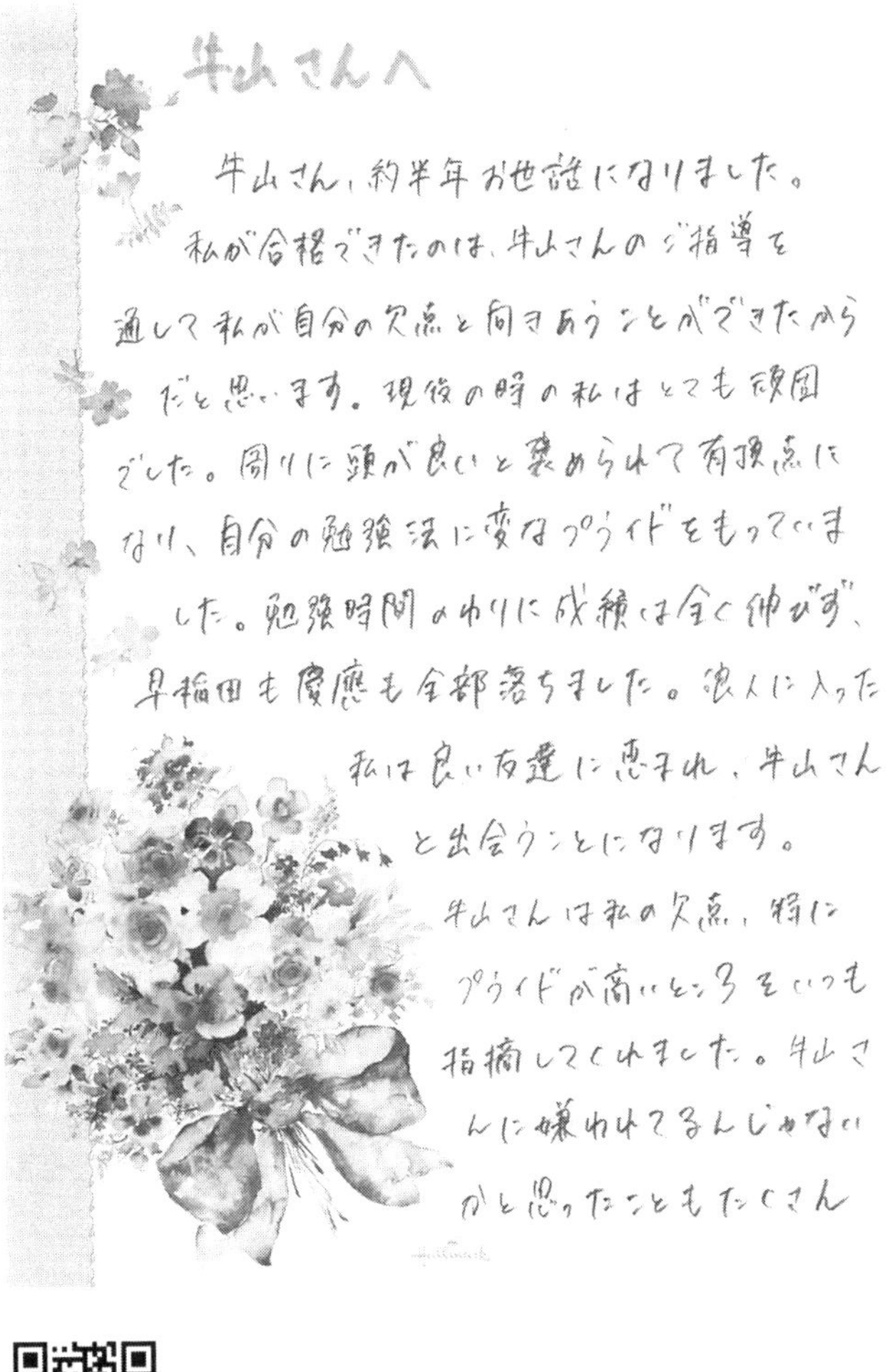

牛山さんへ

牛山さん、約半年お世話になりました。

私が合格できたのは、牛山さんのご指導を通して私が自分の欠点と向きあうことができたからだと思います。現役の時の私はとても頑固でした。周りに頭が良いと褒められて有頂点になり、自分の勉強法に変なプライドをもっていました。勉強時間のわりに成績は全く伸びず、早稲田も慶應も全部落ちました。浪人に入った私は良い友達に恵まれ、牛山さんと出会うことになります。

牛山さんは私の欠点、特にプライドが高いところをいつも指摘してくれました。牛山さんに嫌われてるんじゃないかと思ったこともたくさん

続きはこのＱＲコードから読めます。

自分を認めてもらうことができない時、誰かが憎い時、憎しみを手放そう。許すことで自滅しなくなり、道が開ける。

持ち前のガッツで何度も慶應SFCにトライし、旧総合型選抜であるAO入試に不合格になりつつ一般で逆転

一般的に、総合型選抜で不合格通知をもらうと、戦意喪失する子が多い。

また、総合型選抜入試対策もとりあえずやればいいと思っている人が多い。そのため、やるべきことをやらず、ダラダラ時間をかけて、課題としているものについても全く前に進まない。このようなエネルギー不足では、時間を無駄にかけても成果は同じである。伸ばしているのは自分だからだ。つまり、先生のアドバイスを受けて、その点について改善して上に上がる、成長するのは自分だということ。そのエネルギーが大きければ、仮に総合型選抜で「お前はダメだ」と言われても、一般入試で逆転できる。素直に頑張る。そして、燃えるような熱意で何度でもトライする。この子は、このエネルギーがあった。そのため、AO入試についても、何度も企画を私に渡してきた。他の企画がいいと言えば次の日には、PPTのスライドを10枚くらい送ってきた。それがダメなら同じく次の日も同じように送る。このようなことが何度も続いた。スピード感が

大切だ。

面接が超苦手にも関わらず、集中特訓でFIT入試合格

面接が極端に苦手な子がいた。普段は低い声なのに、面接の練習となると、緊張して声が裏返り女子のようになってしまう。何度練習しても、低い声が、極めて高い声になってしまう。その上吃音症のようなものがあり、印象が極めて悪い。面接の点数は絶望的に思えた。しかし、面接までの約1週間、朝から晩まで何度もレッスンを受けた。牛山とオンラインで、一日に2〜3回の面接練習をした。その間はセルフトレーニングをした。つまり、朝起きて、夜寝るまでずっと練習である。その結果慶應法学部に合格した。

小論文が全国1位に上昇

この子は、合格体験記を見る限り、学ぼうという姿勢が顕著であった。謙虚に学ぶことが大切だ。

2016年度　生徒用

早大・慶大オープン　個人成績表

1 ―(1)第1志望大学・学部　科目別成績

	配点	換算得点	得点	偏差値	平均点	順位/受験者数
慶大英語　総合	200	126	126	56.5	107.4	63/251
慶大小論文総合	200	160	80	73.1	86.5	1/316
						/
						/
						/
						/
総合	400	286	206	69.6	189.1	8/326

配点：本入試での「配点」を表示しています。
得点：本模試での共通問題、選択問題を合わせた「得点」を表示しています。
換算得点：得点を本入試配点に傾斜をかけて表示しています。
偏差値、平均点、順位は換算得点を用いています。
※上記成績表は第1志望に必要な科目のみ表示されます。

1 ―(2)第1志望大学・学部　学力分布状況

評価偏差値	人数	□=5人
75.0～	0	
72.5～	3	
70.0～	3	
67.5～	5	
65.0～	9	
62.5～	5	
60.0～	26	
57.5～	28	
55.0～	24	
52.5～	42	
50.0～	32	
47.5～	20	
45.0～	31	
42.5～	27	
40.0～	14	
37.5～	16	
35.0～	15	
～34.9	26	

3 第1志望～第4志望　学力評価

	第1志望		
大学 学部・学科 （定員）	慶應義塾大学 総合政策学部 総合政策		定員（275）
評価使用科目得点	科目	配点	換算得点
	英語S	200	126
	小論文	200	160
	総合	400	286
合格可能性評価	A		
評価別人数	得点	人数	□=2人
A	286～	10	
	274～	8	
B	262～	9	
	250～	16	
C	241～	27	
	231～	32	
D	221～	36	
	221未満	401	
順位	第1志望者		総志望者
	8位 326人中		9位 539人中

評価使用科目得点：当該大学・学部・学科に必要

2 受験教科・科目別成績　大学・学部別総志望者集計

受験科目	共通問題					選択問題				
	配点	得点	偏差値	平均点	順位/受験者数	配点	得点	偏差値	平均点	順位/受験者数
慶大英語　総合	200	126	56.5	108.1	93/270					/
慶大小論文総合	100	80	73.5	43.5	1/503					/

【志
A
B

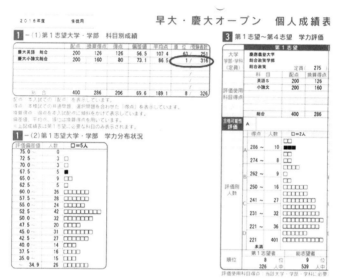

令和の慶應大学絶対合格法のまとめ

本書では仮想的有能感についての研究報告を踏まえて、「しっかりしていないこと」が不合格の本質的問題点であると指摘した。これが令和の慶應受験の現状である。仮想的有能感≒他者軽視傾向（他人がアホに見える）の背景には、「認め不足」があるとの研究報告もある。他者軽視の状態は判断力の低下につながる（定量研究による）。他人を信じられないのは、自分に自信がないからだとある人は述べた。自分に自信がないのは現代社会が「愛情道徳（と表現しよう）」が不足した社会だからだ。現代流行中の思想なんだよ。「お前はダメだ」「すべてお前のせいだ」という考えがただ存在しているだけで、「あなたは尊い」という思想の正反対なの。あなたはダメではない。ただ存在しているだけで絶対的に尊いんだ。だから誰も否定しなくていい。未成熟とは、伸びしろがとてつもなく大きいってことでもある。

私たちが暮らしている2020年代社会は、物事の相対化が加速した社会なんだ。ノーベル文学賞を受賞したヘッセが書いた『車輪の下』という作品では主人公のハンスが自殺してしまう。現代では、この人はいい、悪いというのは、一般的に人と比べてなんだよ。昨日の君よりいいねではない。だから普通の人が承認欲求の塊になったりする。学校の成績、テスト、入試結果、能力主義、経済主導、機械的一元論、というように、学校、大学、社会、企業と多くのものが序列化・階層化された上で値札がついている。知名度、有能さ、富が称賛の対象。その考えを助長するSNS、メディア、スマートフォン、24時間、365日、何十年間もずっと、私たちが目にして、耳にするのは、お金に傾斜した世界なんだ。そこでは、道徳や倫理は軽んじられ、弱肉強食、自己責任の論理と価値意識がはびこっている。建前としての平等や、権利は、大切にされることもある。ところが現実は厳しいってこともあるよね。だから多くのケースで私たちは、人としてどう生きるかをじっくり考える機会を失っている。このような世界に働く論理や原理とは、自分と他者の否定だ。この感覚に慣れてしまったり、正当なものだと思い込むと、だんだんとそれでよくなってしまう。この心理プロセスを見事に描いたのが芥川龍之介の『羅生門』だ。受験の合間に読んでごらん。人の心には弱い本性があってね。悪い方の心が頭をもたげてくる。挨拶をしなくていいとか、多少モラルを欠いたことをしてもいいとか、無礼な態度をとっていいとか、年上でも軽んじていいとか、こいつはポンコツだなとか、価値ないとか、精神性など否定してかかってもいいとか、人によって考え方の発現方法はいろいろなんだ。みんないい心と悪い心を持っている。それでもスマホを開いてごらん。何かが流行っているでしょう。人を馬鹿にしたり、軽んじたり、モラルを欠いたりね。これらの情報を好むようになると、エコーチェンバー現象といって、ますます同質性が高い情報に人はアクセスするようになる。情報の多様性や、大量性は、あなたの判断の質向上に影響しておらず、競走馬のようにあなたが好む情報だけを得るようになるってこと。そして、染まっていくよ。よりいっそう（やっぱりこれでいいんだ）（この認識が正しいんだ）って。なりやすい。でも流行っていることと、実態は別であり、自分がどう判断するかも全く別なんだよ。そのことを、受験を通して本書で学んだ。流行っている情報で落ちる仕組みだ。そして、心の仕組みを最後に書いたのは、うぬぼれは、これらの荒廃した精神性と強い相関があり、そのうぬぼれが、物事の理解・判断と大きな相関があるからなんだ。つまり、心がダメになり、多くの人は落ちる。それが、令和時代の、（否、年号が変わっても、２０２０年代の）慶應大学絶対合格法なんだ。

現代特有の**社会の情報（あなたの否定・他者否定）↓エコーチェンバー↓染まる↓精神性の荒廃↓うぬぼれと慢心（仮想的有能感）↓他者軽視傾向（とセットになった万能感）↓推論能力の低下↓理解力の低下（表面的な理解を全面的と錯覚）↓自己変容性の欠如↓成長しない↓不合格**

良質な判断を作り慶應大学に合格しよう。

読んでくれてありがとう。あなたの合格を祈っている。

本書を読んだ方に、著者の牛山から「慶大に合格するセミナー動画や授業動画、合格情報」のプレゼントがあります。

著者が運営する慶應大学進学専門塾にご興味がある方も、以下の QR コードを読み、LINE で友達登録をしてください。

今すぐご登録ください。

《牛山　恭範（うしやま　やすのり）プロフィール》

・慶應義塾大学合格請負人・株式会社ディジシステム　代表取締役

慶應大学に確実（独自の合格理論的には99％）、かつ短期間で合格させる慶應義塾大学合格請負人。

技術習得は記憶が鍵となるため、記憶の諸理論に通じており、日本の歴史上初となる記憶専門の塾、記憶塾を主催。東大受験生、司法試験受験生、その他公認会計士などの難関試験受験生を記憶面で支援し、合格に導く（詳細はディジシステムＨＰで公開）。東大ＯＢ、東大院ＯＢから推薦多数。

自分自身も技術習得の理論を応用した独自の学習法で、数万項目の記憶を頭に作り、慶應大学ＳＦＣにダブル合格する（その手法の一部は自動記憶勉強法として出版）。同大学在学中に起業し、現在株式会社ディジシステム代表取締役。

より高い次元の小論文指導、小論文添削サービスを提供するためにも、世界最高の頭脳集団マッキンゼー・アンド・カンパニーの元日本、アジアＴＯＰ（日本支社長、アジア太平洋局長、日本支社会長）であった大前研一学長について師事を受ける。ビジネスブレークスルー大学大学院（Kenichi Ohmae Graduate School of Business）経営管理研究科修士課程修了。（ＭＢＡ）同大学院にて、東大卒・東大院卒・東大博士課程修了者・京大卒多数のクラスで（学習スキルを駆使することで）成績優秀者となり奨学金を得る。

現在東工大博士後期課程在学中。（全単位取得済み）

偏差値 30 からの慶應大学突破法
－令和版　慶應大学絶対合格法－　＊定価はカバーに表示してあります。

2023 年 3 月 20 日　初版第 1 刷発行

著　者　牛　山　恭　範
編集人　清　水　智　則
発行所　エール出版社
〒 101-0052　東京都千代田区神田小川町 2-12
信愛ビル 4 F
e-mail ： info@yell-books.com
電話　03(3291)0306
FAX　03(3291)0310
振替　00140 － 6 － 33914

ISBN978-4-7539-3541-3

★牛山恭範著作集

慶應 SFC 小論文対策 4 つの秘訣合格法

どうやれば慶應 SFC の小論文で高い点数を取ることができるのか。4 つの秘訣を公開

ISBN978-4-7539-3399-0

難関私大対策の急所

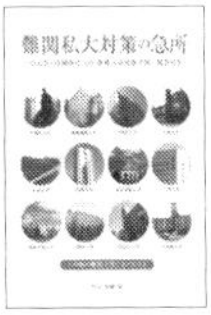

早稲田・慶應・GMARCH・関関同立に合格するための急所。ここをを押さえれば難関大合格の可能性が大幅アップ !!

ISBN978-4-7539-3245-0

マンガで学ぶ面接

大学・高校・中学受験の基本。マンガを読むだけで点数がアップ !?　そんな夢のような画期的面接対策本
改訂新版出来 !!

ISBN978-4-7539-3521-5

論証モデルと論理式を用いた高得点小論文解法集

小論文試験で 9 割得点し、東大卒以上の点数を取る講師が、全国模試 1 位の報告を 3 年連続でもらった牛山式解法を伝授。

ISBN978-4-7539-3495-9

◎エール出版社◎
本体各 1600 円（税別）

★牛山恭範著作集

牛山慶應小論文７ステップ対策

慶應小論文５学部× 20 年＝ 100 回分を徹底解析。各学部の出題予想テーマと問題の解き方、問題の作られ方と合格に必要な重要スキルを紹介。大好評改訂新版

ISBN978-4-7539-3403-4

総合型選抜（AO 入試）学校推薦型選抜は研究力が９割

東大も慶應大も１週間の対策のみで受かる！　本当に必要な力は研究力だけ。受験生に必要な研究知識の磨き方を大公開！

ISBN978-4-7539-3527-7

慶應小論文合格 BIBLE

慶應 SFC ダブル合格の著者が公開する難関大学・難関大学院受験生にオススメ！　慶應小論文対策の決定版 !! 大好評改訂４版

ISBN978-4-7539-3413-3

看護学部・医学部・看護就職試験小論文対策を 10 日間で完成させる本

２年連続日本一輩出・東大慶應医学部合格へ導く慶應大学進学対策専門塾塾長が日本一まで現実に伸びた小論文の秘訣を公開。

ISBN978-4-7539 3492-8

◎エール出版社◎

本体各 1600 円（税別）

高校数学
至極の有名問題 240
文理対応・国公立大～難関大レベル

・古典的な（歴史的によく知られた、由緒ある）問題
・重要な定理・不快論理的背景に基づいた問題
・応用面で重要な問題など

高校数学の重要な概念・定理・公式を学ぶのに
ふさわしい問題を厳選 !!

§1　論理・数と式／§2　2 次関数／§3　図形と計量／§4　場合の数／§5　確率／§6　整数の性質／§7　図形の性質／§8　式と証明／§9　複素数と方程式／§10　図形と方程式／§11　三角関数／§12　指数関数・対数関数／§13　微分法（文系・理系共通）／§14　積分法（文系・理系共通）／§15　数列／§16　ベクトル／§17　複素数平面／§18　式と曲線／§19　関数と極限／§20　微分法（理系）／§21　積分法（理系）／

ISBN978-4-7539-3520-8

廣津　孝・著

©本体 2000 円（税別）

受験の叡智

受験戦略・勉強法の体系書

共通テスト
完全対応版

東大理三合格講師 30 名超、東大理系・文系上位合格層講師多数の圧倒的結果に実証された受験戦略・勉強法

【受験戦略編】
　総則編　戦略なき勉強法は捨て去れ
　合格への３大戦略編　３大戦略総則
　　第１部　ターゲットを絞る
　　第２部　ターゲットへの的確なアプローチ
　　第３部　志望校・併願校と選択科目の戦略的決定
　受験戦略構築編
【勉強計画編】
　　第１部　勉強計画の立て方
　　第２部　勉強計画のサンプルプラン
　　第３部　計画の実践と軌道修正のコツ
　　第４部　当塾講師陣の計画の失敗談とアドバイス
【勉強法編】
　勉強法総論
　勉強法各論（科目別勉強法）
【日々の勉強への取り組み編】
　　第１部　日々の勉強の核の確定
　　第２部　日々の勉強への取り組み方の重要ポイント
【本番戦略編】
【勝利の女神はあなたに微笑む編】

ISBN978-4-7539-3491-1

合格の天使・著　　　　◎本体 2000 円（税別）

テーマ別演習

入試数学の掌握

理Ⅲ・京医・阪医を制覇する

東大理Ⅲ・京大医のいずれにも合格するという希有な経歴と説得力を持つ授業で東大・京大・阪大受験生から圧倒的な支持を受ける

●テーマ別演習①　総論編

Theme1　全称命題の扱い

Theme2　存在命題の扱い

A 5 判・並製・216 頁・1500 円（税別）

ISBN978-4-7539-3074-6

●テーマ別演習②　各論錬磨編

Theme3　通過領域の極意

Theme4　論証武器の選択

Theme5　一意性の示し方

A 5 判・並製・288 頁・1800 円（税別）

ISBN978-4-7539-3103-3

●テーマ別演習③　各論実戦編

Theme6　解析武器の選択

Theme7　ものさしの定め方

Theme8　誘導の意義を考える

A 5 判・並製・288 頁・1800 円（税別）

ISBN978-4-7539-3155-2

近藤至徳・著